박문각

합격을 결정짓는

이혁
필수서

부동산세법 2차

박문각 공인중개사

이 책의 차례

CONTENTS

이 책의 **차례**

부 록

PART

01

조세총론

PART 01

조세총론

1. 조세의 정의

조세란 국가 또는 지방자치단체가 그에 필요한 경비충당을 위한 재정 수입 등을 목적으로 법률에 규정된 과세요건을 충족한 모든 자에게 직접적인 반대급부 없이 부과·징수하는 금전급부를 말한다.

(1) 과세요건 : 납세의무성립에 필요한 법률에 규정된 요건

과세요건	내 용
과세대상	과세의 대상으로 물건, 소득, 행위 등
납세의무자	조세를 납부할 의무가 있는 자
과세표준	세액산출의 기초가 되는 과세대상의 가액 또는 수량, 면적 등
세 율	세액산출을 위하여 과세표준에 곱하는 금액

(2) 물납과 분납

구 분		재산세	종합부동산세	양도소득세
물 납	물납요건	1,000만원 초과	×	×
	대 상	관할구역 내 부동산	—	—
분 납	요 건	250만원 초과(3개월)	250만원 초과(6개월)	1,000만원 초과(2개월)
	금 액	① 500만원 이하 　: 250만원 초과 금액 ② 500만원 초과 　: 50/100 이하 금액	① 500만원 이하 　: 250만원 초과 금액 ② 500만 초과 　: 50/100 이하 금액	① 2,000만원 이하 　: 1,000만원 초과 금액 ② 2,000만원 초과 　: 50/100 이하 금액

📝참고

① 재산세 도시지역 분의 경우도 물납이 가능하다.
② 부가세인 지방교육세는 물납은 할 수 없지만 분납은 가능하다.
③ 재산세에 병기되는 소방분 지역자원시설세도 분납이 가능하다.

❤ 최대 분납금액

구 분	분납요건	납부세액	최대분납금액
재산세	( )만원 초과	400만원	( )만원
		700만원	( )만원
종합부동산세	( )만원 초과	450만원	( )만원
		800만원	( )만원
양도소득세	( )만원 초과	1,500만원	( )만원
		3,600만원	( )만원

구 분	신 청	허가여부
물 납	납부기한 10일 전까지	○
분할납부	납부기한 내	×

핵심 02 | **조세의 분류**

1. 과세주체(과세권자)에 따른 분류

(1) 국 세

① 1세목 1법률주의 : 상속세 및 증여세는 제외(2세목 1법률주의)

② 소득세, 상속세 및 증여세, 법인세, 부가가치세, 종합부동산세 등

(2) 지방세

취득세, 등록면허세, 재산세, 지방교육세, 지방소득세, 지방소비세, 지역자원시설세, 주민세, 자동차세, 담배소비세, 레저세

① 취득세 : 특별시, 광역시, 도세

② 등록면허세 : 도세 및 구세

③ 재산세 : 시, 군, 구세

▸ 특별시 관할구역의 재산세는 특별시세 및 구세로 한다.

2. 조세의 사용목적에 따른 분류

(1) 보통세

① 일반적인 운영에 필요한 경비를 조달하기 위하여 징수하는 조세

② 목적세를 제외한 모든 조세

(2) 목적세

① 특정한 목적에 사용하기 위하여 징수하는 조세로서 다른 용도로 사용할 수 없다.

② 종 류

국 세	교육세, 교통 · 에너지 · 환경세, 농어촌특별세
지방세	지역자원시설세, 지방교육세

▸ 목적세이면서 부가세인 조세는? 지방교육세, 농어촌특별세

3. 조세의 전가여부에 따른 분류

(1) 직접세(납세자와 담세자가 일치하는 경우) : 대부분의 조세가 해당

직접세	법인세, 소득세, 상속세 및 증여세, 종합부동산세, 취득세, 등록면허세, 재산세 등

(2) 간접세(납세자와 담세자가 다른 경우)

간접세	부가가치세, 개별소비세, 주세, 인지세, 증권거래세 등

4. 과세대상의 인적귀속 여부에 따른 분류

납세의무자의 인적귀속 여부에 따라 인세와 물세로 구분한다.

(1) 인세(시험에 출제되는 국세)

① 소득이나 재산이 귀속되는 사람을 중심으로 납세자의 담세능력과 인적사항을 고려하여 과세하는 조세

② 납세지를 **사람의 주소지**로 함이 원칙이다.

③ 양도소득세, 종합부동산세 등이다.

(2) 물세(시험에 출제되는 지방세)

① 납세자의 인적사항과 조세부담 능력과 관계없이 과세대상 그 자체에 대하여 과세하는 조세이다.

② **납**세지를 **물건의 소재지**로 함이 원칙이다.

③ 지방세(취득세, 등록면허세, 재산세 등)

```
납세지

부동산     ➡ 서울시 종로구 소재        취득세: 서울시 종로구
                                        등록면허세: 서울시 종로구
           ➡ 甲: 취득                  재산세: 서울시 종로구
              충남 천안시 거주           종합부동산세: 천안세무서
                                        양도소득세: 천안세무서
```

- 거주자 : 주소지 관할 세무서 또는 거소지 관할 세무서
- 비거주자 : 국내 사업자 소재지 관할 세무서(사업장이 없는 경우 원천소득이 발생한 장소)

5. 과세표준 표시 방법에 따른 분류

세액산출에 기초가 되는 과세대상의 가액 또는 수량 등을 과세표준이라 하며 과세표준을 표시하는 방법에 따라 종가세와 종량세로 구분한다.

과세표준	×	세율	=	산출세액

가액(종**가**세)　　　　　　　%(정**률**세)

수량, 면적(종**량**세)　　　　금액(정**액**세)

(1) 종가세

① 과세표준이 금액(가액)으로 표시되는 것을 종가세라 한다.

② 세율이 금액이 아닌 %로 나타난다.

③ 소득세, 법인세, 취득세, 등록면허세, 재산세 등 대부분의 조세

(2) 종량세

① 과세표준이 수량이나 면적 등으로 표시되는 것을 종량세라 한다.

② 세율이 %가 아닌 금액으로 표시된다.

③ 등록면허세(일부), 인지세(일부), 지역자원시설세(일부), 주민세(사업소분) 등

6. 세 율

(1) 세율 표시단위에 따른 분류

① 정률세율

    ㉠ 세율을 표시함에 백분비 또는 천분비로 표시되는 세율을 말한다.

    ㉡ 취득세, 재산세, 양도소득세의 일부 등

② 정액세율

    ㉠ 세율을 표시함에 있어서 화폐단위로 표시하는 세율을 말한다.

    ㉡ 등록면허세 중 일부(말소등기-건수)

(2) 과세표준 크기 변화 유무에 따른 분류

① 비례세율 : 과세표준 크기와 관계없이 **일정**하게 고정된 세율

> ㉠ 1억원(취득) × 4% = 400만원(취득세)
>
> ㉡ 5억원(취득) × 4% = 2,000만원(취득세)

② 누진세율 : 과세표준이 증가할수록 세율도 점차 **높아지는** 세율

> ㉠ 1,400만원 이하 : 6%
>
> ㉡ 1,400만원 초과~5,000만원 이하 : 15%

    ▸ 양도소득세 : 토지의 과세표준 3,400만원

            84만원 + (2,000만원 × 15% = 300만원) = 384만원

③ 표준세율 : 재정상의 이유 또는 기타 특별한 사유가 있다고 인정되는 경우, 과세권자가 조례로 정하는 경우 100분의 50의 범위 내에서 가감·조정할 수 있다.

    ㉠ 취득세 : 중과세율은 적용하지 않는다.

    ㉡ 등록면허세 : 부동산등기에 한한다.

    ㉢ 재산세 : 당해 연도만 적용한다.

▼ 세목별 세율 비교

구 분	취득세	등록면허세	재산세	종합부동산세	양도소득세
비례세율	○	○	○	법인(주택)	○
누진세율	×	×	별도 종합 주택	○	○

📝참고

① **재산세(누진세율)** : 별도합산대상토지, 종합합산대상토지, 주택

② **종합부동산세(비례세율)** : 법인소유 주택(공익법인 등은 제외)

▼ 인세와 물세

구 분	보통세	목적세	비례세율	누진세율	정률세율	정액세율	인세	물세	합산과세	개별과세
취득세	○		○		○			○		○
등록면허세	○		○		○	○		○		○
재산세	○		○	○	○		○	○		○
종합부동산세	○		법인(주택)	○	○		○		○	
양도소득세	○		○	○	○		○		○	

7. 조세 독립성 여부에 따른 분류

(1) 독립세

① 다른 조세와 관계없이 독자적인 세원에 대하여 독립적으로 부과되는 조세

② 취득세, 재산세, 양도소득세, 종합부동산세 등 대부분의 조세

(2) 부가세(지방교육세, 농어촌특별세)

① 독립적인 세원이 존재하지 않고 다른 조세를 부과할 때 부가적으로 과세되는 조세

② 종 류

본 세	부가세	본세의 감면시
취득세	• 지방교육세 20%(표준세율에서 1,000분의 20을 차감한 세율을 적용한 세액) • 농어촌특별세 10%(1,000분의 20을 적용한 세액)	농어촌특별세 20%
등록면허세	지방교육세 20%	농어촌특별세 20%
재산세	지방교육세 20%	–
종합부동산세	농어촌특별세 20%	–
양도소득세	납부세액에는 부가세가 부과되지 않는다.	농어촌특별세 20%

8. 부동산 활동에 따른 분류

① **취득과 보유단계(만) 부과되는 조세** : 지방교육세
② **보유·양도단계(만) 부과되는 조세** : 지방소득세, 종합소득세
③ **취득과 양도단계(만) 부과되는 조세** : 인지세
④ **취득·보유·양도단계 부과되는 조세** : **농**어촌특별세, **부**가가치세, **지**방소비세

취득과정	보유과정	양도과정
취득세	재산세	소득세
등록면허세	종합부동산세	법인세
상속세	소득세	부가가치세
증여세	법인세	농어촌특별세
부가가치세	부가가치세	지방소비세
농어촌특별세	농어촌특별세	지방소득세
지방소비세	지방소비세	인지세
지방교육세	지방소득세	–
인지세	지방교육세	–

핵심 03 | 조세의 용어정의

1. 과세기간

과세기간이란 세법에 의하여 과세표준의 계산에 기초가 되는 기간을 말한다.

세목별		과세기간
소득세	원 칙	매년 1월 1일부터~12월 31일까지
	사 망	1월 1일부터~사망일까지
	출 국	1월 1일부터~출국일까지
법인세		사업연도(회계기간) : 법령 정관 등이 정하는 기간
부가가치세·지방소비세	1기	1월 1일부터~6월 30일까지
	2기	7월 1일부터~12월 31일까지

2. 세목별 신고기한과 납부기한

구 분		법정신고기한 및 납부기한
국 세	종합부동산세	• 원칙: 해당연도 12월 15일까지 • 신고·납부 선택시: 해당연도 12월 15일까지
	양도소득세	• 예정신고: 양도일이 속한 달의 말일부터 2개월 • 확정신고: 양도일이 속하는 과세기간의 다음연도 5월 31일까지
지방세	취득세	• 원칙: 취득일로부터 60일 • 상속: 상속개시일이 속한 달의 말일부터 6개월 이내 • 증여: 취득일이 속한 달의 말일부터 3개월 이내
	등록면허세	등기·등록을 하기 전까지
	재산세	• 건축물: 매년 7월 31일 • 토지: 매년 9월 30일 • 주택: 산출세액의 1/2은 7월 31일, 나머지 1/2은 9월 30일

① 기간: 어느 일정한 시기부터 다른 어느 일정한 시기까지의 사이

② 개시일: 어떤 행동이나 일 따위를 시작하는 날

③ 기한: 미리 기약하여 한정한 시기

3. 과세표준

① 세액산출의 기초가 되는 과세물건의 수량 또는 가액을 말한다.

② 과세표준이 금액과 가액으로 표시되는지 수량 또는 건수 등으로 표시되는가에 따라 종가세와 종량세로 구분이 된다.

4. 면세점

과세표준이 일정금액 또는 일정량 이하에 대하여 과세하지 않는 제도

예) 취득세: 취득가액(취득세액 ×, 산출세액 ×)이 50만원 이하인 경우

▶ 취득세의 경우 취득가액이 50만원인 경우 면세점을 적용한다: ○

취득세(면세점)	1. 취득가액이 50만원 이하 2. 연부취득은 연부금총액을 기준으로 면세점 여부를 판단한다.
등록면허세(최저세액)	세액이 6,000원 미만이면 6,000원을 그 세액으로 한다.
재산세(소액징수면제)	2,000원 미만이면 징수하지 않는다.

5. 소액징수면제(재산세, 지역자원시설세 등)

징수할 세액이 일정금액에 미달하는 경우에 이를 징수하지 아니하는 것

예) 재산세 : 고지서 1매당 세액이 2,000원 미만인 경우

▸ 2,000원인 경우 재산세를 징수한다 : ○

6. 과세기준일

세금을 부과하기 위한 일정한 기준이 되는 날을 말한다.

예) 재산세, 종합부동산세 : 과세기준일(6월 1일)

　　주민세(개인분, 사업소분) : 과세기준일(7월 1일)

7. 납세자(납세의무자 + 징수의무자)

❧ 납세의무자

납세자	납세의무자 (내 돈)	납세의무자	
		연대 납세의무자	
		2차 납세의무자	
		납세보증인	
	징수의무자 (남의 돈)	국 세	원천징수의무자
		지 방 세	특별징수의무자

① 본래의 납세의무자 : 세법에 의하여 조세를 납부할 의무가 있는 자

② 연대납세의무자 : 하나의 납세의무에 대하여 2인 이상의 납세의무자가 각각 전액의 납세
의무를 이행할 책임이 있는 공동의무 관계자

③ 2차 납세의무자 : 납세자 납세의무를 이행할 수 없는 경우에 납세의무자에 갈음하여 납
세의무를 지는 자

▸ 해산법인의 청산인. 비상장법인의 무한책임사원 또는 과점주주. 사업양도의 경우 사업양수인

④ 납세보증인 : 납부를 보증한 자

8. 징수방법

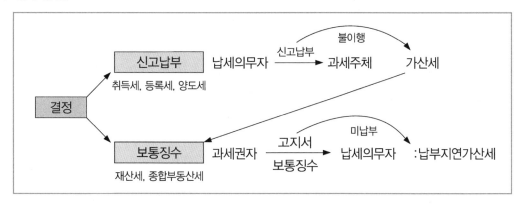

(1) 보통징수(국세 : 정부부과과세제도)

① 지방자치단체장이 납부하여야 할 세액을 부과함으로써 확정되는 것으로 지방자치단체장이 세액을 결정하고 이를 납세의무자에게 납세고지서에 의하여 통지하는 것을 말한다.

② 납부기한 내에 납부하지 않으면 가산금을 부가하여 체납고지서를 발부하여 보통징수 방법으로 징수한다.

③ 재산세, (소방분)지역자원시설세, 종합부동산세, 상속세, 증여세 등

(2) 신고 · 납부(국세 : 신고납세제도)

① 신고 · 납부 방법이란 납세의무자가 세법이 정하는 바에 따라 과세표준과 세액을 정부에 신고함으로써 납세의무가 확정되는 방법을 말한다.

② 신고 · 납부기한 내에 신고 및 납부를 하지 않을 경우에 가산세를 부가하여 보통 징수한다.

③ 취득세, 등록면허세, 법인세, 양도소득세, 부가가치세

(3) 특별징수(국세 : 원천징수)

조세징수에 편의가 있는 자로 하여금 징수하게 하여 그 징수한 세금을 납입하게 하는 것을 말한다.

▸ **지방교육세, 농어촌특별세 등은 부가세로서 본세에 따라 신고·납부 또는 보통징수 방법에 의해 징수한다.**

취득세	등록면허세	재산세	종합부동산세	양도소득세
신고 · 보통	신고 · 보통	보통징수	보통 · 신고(선택)	신고 · 보통
가산세	가산세	납부지연 가산세	가산세	가산세

9. 가산세

(1) 가산세라 함은 세법에 규정하는 의무의 성실한 이행을 확보하기 위하여 세법에 따라 산출한 세액에 가산하여 징수하는 금액을 말한다.

(2) 가산세는 해당 의무가 규정된 국세 또는 지방세의 세목으로 한다. 다만, 조세를 감면하는 경우 가산세는 그 감면대상에 포함하지 아니한다.

(3) 가산세는 납부할 세액에 가산하거나 환급받을 세액에서 공제한다.

(4) 세목별 가산세

> ① 취득세
>   ⊙ 중가산세(취득세만 적용하고 등록면허세는 적용하지 않는다)
>   ⓛ 산출세액의 80/100
> ② 등록면허세(등록면허세의 경우에만 적용)
>   신고기한 내 신고를 하지 아니한 경우에도 등록하기 전까지 납부하였을 때에는 신고하고 납부한 것으로 보아 무신고가산세를 부과하지 아니한다.
> ③ 종합부동산세 : 무신고가산세는 부과되지 않지만 과소신고가산세는 부과될 수 있다.
> ④ 양도소득세
>   ⊙ 예정신고를 불이행한 경우에도 가산세를 부과한다.
>   ⓛ 예정신고·납부와 관련하여 가산세가 부과되는 경우에는 확정신고와 관련한 가산세를 부과하지 아니한다.
>   ⓒ 예정신고를 하지 아니하였으나 확정신고를 한 경우에는 예정신고와 관련한 가산세 50/100을 경감한다.
>   ⓔ 예정신고 납부를 하는 경우 수시부과세액이 있을 때에는 이를 예정신고 산출세액에서 공제하여 납부한다.

구 분				가산세
지방세	취득세, 등록면허세	신고불성실 가산세	무신고	무신고·납부세액의 20%(부정 : 40%)
			과소신고	과소신고·납부세액의 10%(부정 : 40%)
		납부지연가산세		1일(0.022%) - 75/100 한도
국 세	양도소득세	신고불성실 가산세	무신고	무신고·납부세액의 20%(부정 : 40%)
			과소신고	과소신고·납부세액의 10%(부정 : 40%)
		납부지연가산세		1일 22/100,000(0.022%)

☑참고 납부지연가산세

구 분	국 세	지방세
납세고지 전	1일 22/100,000	1일 22/100,000

납세고지 후	① 3%
	② 1일 22/100,000
	  ⊙ 5년을 초과할 수 없음
	  ⓛ 150만원 미만이면 적용 안함
		① 3%
		② 매 1개월 66/10,000
		  ⊙ 60개월을 초과할 수 없음
		  ⓛ 45만원 미만이면 적용 안함

(5) 기한 후 신고시 가산세 감면(신고 · 납부조세)

법정신고기한까지 과세표준 신고서를 제출하지 아니한 자는 과세표준과 세액(가산세를 포함한다)을 법정신고기한이 지난 후 결정 통지하기 전까지 기한 후 신고(신고만 하면 적용/3개월 이내 결정하여 신고인에게 통지하여야 한다)를 한 경우(무신고가산세만 해당) 다음의 금액을 감면한다.

① 1개월 이내 신고 : 100분의 50을 경감

② 1개월 초과~3개월 이내 : 100분의 30을 경감

③ 3개월 초과~6개월 이내 신고 : 100분의 20을 경감

④ 기한 후 신고를 하는 경우 신고함으로 납세의무가 확정되지 아니한다.

▸ **납부지연가산세를 감면한다 : ×**

(6) 수정신고 : 법정신고기한이 지난 후 2년 이내 수정신고한 경우(과소신고가산세만 해당하며 지방자치단체장이 과세표준과 세액을 경정할 것을 미리 알고 수정신고서를 제출한 경우는 제외) 다음의 금액을 감면한다.

① 법정신고기한이 지난 후 1개월 이내에 수정신고한 경우 : 해당 가산세액의 100분의 90에 상당하는 금액

② 법정신고기한이 지난 후 1개월 초과 3개월 이내에 수정신고한 경우 : 해당 가산세액의 100분의 75에 상당하는 금액

③ 법정신고기한이 지난 후 3개월 초과 6개월 이내에 수정신고한 경우 : 해당 가산세액의 100분의 50에 상당하는 금액

④ 법정신고기한이 지난 후 6개월 초과 1년 이내에 수정신고한 경우 : 해당 가산세액의 100분의 30에 상당하는 금액

⑤ 법정신고기한이 지난 후 1년 초과 1년 6개월 이내에 수정신고한 경우 : 해당 가산세액의 100분의 20에 상당하는 금액

⑥ 법정신고기한이 지난 후 1년 6개월 초과 2년 이내에 수정신고한 경우 : 해당 가산세액의 100분의 10에 상당하는 금액

핵심 04 | 납세의무의 성립 · 확정 · 소멸

❤ **부과권의 제척기간과 징수권의 소멸시효**

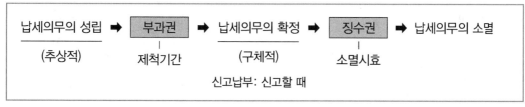

1. 납세의무의 성립시기

(1) 지방세

구 분	납세의무성립(추상적)
취득세	과세물건을 취득하는 때
등록면허세	등기 또는 등록을 하는 때
재산세, 소방분 지역자원시설세	과세기준일(매년 6월 1일)
지방교육세	과세표준이 되는 세목의 납세의무가 성립하는 때
지방소득세	과세표준이 되는 소득세·법인세 납세의무가 성립하는 때
주민세(개인, 사업소)	과세기준일(매년 7월 1일)
수시부과하는 조세	수시부과 사유가 발생하는 때

(2) 국 세

구 분		납세의무성립
소득세	확정신고	과세기간이 끝나는 때
	예정신고	과세표준이 되는 금액이 발생한 달의 말일
	중간예납	중간예납기간이 끝나는 때
	원천징수	소득금액을 지급하는 때
종합부동산세		과세기준일(매년 6월 1일)
상속세		상속을 개시하는 때
증여세		증여 재산을 취득하는 때
인지세		과세문서를 작성하는 때
농어촌특별세		본세의 납세의무가 성립하는 때

2. 납세의무의 확정시기

① 신고납부 조세 : 납세의무자가 과세표준과 세액을 신고하는 때(취득세, 등록면허세, 소득세)

② 부과주의 조세 : 과세권자가 결정하는 때(재산세, 종합부동산세 등)

구 분		신고할 때	가산세	결정할 때
지방세	취득세	원칙	○	예외
	등록면허세	원칙	○	예외
	재산세	—	—	원칙
국 세	종합부동산세	선택	○	원칙
	양도소득세	원칙	○	예외

3. 납세의무가 성립과 동시에 확정되는 조세

인지세, 원천징수하는 소득세 또는 법인세, 특별징수하는 지방소득세

4. 수정신고의 효력

① 국세의 수정신고(과세표준신고서를 법정신고기한까지 제출한 자의 수정신고로 한정한 다)는 당초의 신고에 따라 확정된 과세표준과 세액을 증액하여 확정하는 효력을 가진다.

② 제1항에 따른 국세의 수정신고는 당초 신고에 따라 확정된 세액에 관한 이 법 또는 세법 에서 규정하는 권리 · 의무관계에 영향을 미치지 아니한다.

5. 경정 등의 효력

① 세법에 따라 당초 확정된 세액을 증가시키는 경정(更正)은 당초 확정된 세액에 관한 이 법 또는 세법에서 규정하는 권리 · 의무관계에 영향을 미치지 아니한다.

② 세법에 따라 당초 확정된 세액을 감소시키는 경정은 그 경정으로 감소되는 세액 외의 세 액에 관한 이 법 또는 세법에서 규정하는 권리 · 의무관계에 영향을 미치지 아니한다.

6. 납세의무의 소멸

(1) 소멸사유

① 납부

② 충당

③ 부과취소

④ 부과권의 제척기간의 만료

⑤ 징수권의 소멸시효 완성

(2) 소멸사유 제외

① 부과철회
  ▶ 부과취소는 소멸사유지만 부과철회는 소멸사유가 아니다.

② 납세자의 사망

③ 결손처분

④ 법인합병

(3) 조세채권의 소멸시효 또는 제척기간

① 제척기간

　㉠ 국세 부과 제척기간

구 분		제척기간
원 칙	역외거래에 부정행위로 국세를 포탈하거나 환급·공제시	15년
	사기나 그 밖의 부정행위로 국세를 포탈·환급·공제시	10년
	법정신고기한까지 과세표준신고서를 제출하지 않은 경우	7년
	기 타	5년
상속세·증여세	− 부정행위로 상속세 증여세를 포탈·환급·공제받은 경우 − 신고서를 제출하지 않은 경우 − 거짓신고 또는 누락신고를 한 경우	15년
	기타의 경우	10년

▸ 부담부증여를 통한 양도시 채무인수한 부분은 양도소득세 과세대상이지만 제척기간은 증여세의 제척기간을 따른다.

　㉡ 지방세 부과 제척기간

구 분	제척기간
− 사기나 그 밖의 부정 행위로 지방세를 포탈·환급·공제시 − 상속 또는 증여(부담부증여로 인한 취득 포함)를 원인으로 취득하는 경우와 명의신탁 약정으로 실권리자가 사실상 취득하는 경우로서 법정신고기한까지 신고서를 제출하지 않는 경우 − 타인의 명의로 법인의 주식 또는 지분을 취득하였지만 해당 주식 또는 지분의 실권리자인 자가 과점주주가 되어 해당 법인의 부동산 등을 취득한 것으로 보는 경우	10년
법정신고기한까지 신고서를 제출하지 않은 경우	7년
그 밖의 경우	5년

② 소멸시효

원 칙	5년	
예 외	10년	국세: 5억원(가산세를 제외한 금액) 이상
		지방세: 5천만원(가산세를 제외한 금액) 이상

③ 소멸시효의 중단과 정지(제척기간은 적용하지 아니함)

중단사유	납세고지, 독촉, 납부최고, 교부청구, 압류(압류금지재산 또는 제3자의 재산을 압류한 경우로서 압류를 즉시 해제하는 경우 제외)
정지사유	분납기간, 징수유예기간, 연부연납기간, 체납처분유예기간, 체납자가 국외에 6개월 이상 계속하여 체류하는 경우 해당 국외 체류기간

㉠ 시효 중단: 시효중단이라 법이 정한 사유의 발생으로 인하여 이미 경과한 시효기간의 효력이 상실되는 것을 말한다. 시효가 중단된 경우에는 중단까지 경과한 시효기간은 효력을 상실하고 중단사유가 종료한 때로부터 새로이 시효가 진행된다.

㉡ 시효정지: 시효정지란 일정한 기간동안 시효의 완성을 유예하는 것을 말하며, 이 경우에는 그 정지사유가 종료한 후 잔여기간이 경과하면 시효가 완성된다.

📝참고 용어정의

① 납부: 지방세 또는 국세를 과세권자에게 내는 것
② 충당: 납세의무자에게 환급할 조세와 납세의무자가 납부할 조세를 서로 상계
③ 부과: 부과란 지방자치단체의 장이 지방세기본법 또는 지방세관계법에 따라 납세의무자에게 지방세를 부담하게 하는 것을 말한다.
④ 징수: 징수란 지방자치단체의 장이 지방세기본법 또는 지방세관계법에 따라 납세자로부터 지방자치단체의 징수금을 거두어들이는 것을 말한다.
⑤ 제척기간: 이미 성립한 납세의무에 대하여 과세관청이 결정·경정 등을 통해 조세를 부과할 수 있는 권리를 행사할 수 있는 기간
⑥ 소멸시효: 과세관청이 조세징수권을 일정기간동안 행사하지 않는 경우 그 조세징수권을 소멸시키는 제도
⑦ 체납액
  ㉠ 국세: 체납된 국세와 강제징수비
  ㉡ 지방세: 체납된 지방세와 체납처분비
⑧ 지방자치단체 징수금: 체납처분비와 지방세

📝참고 제척기간과 소멸시효 기산일

제척기간	신고납부세목	신고기한의 다음 날
	보통징수세목	납세의무 성립일
소멸시효	신고납부	신고납부기한의 다음 날
	결정·경정	고지서에 따른 납부기한의 다음 날

7. 조세와 일반채권의 관계

조세의 법정기일 전에 설정된 피담보채권 보다 **그 재산에 대하여 부과된** 조세는 항상 피담보 채권보다 우선하여 징수한다.

① 국세 : 상속세, 증여세, 종합부동산세

② 지방세 : 재산세, 자동차세, 소방분 지역자원시설세, 지방교육세(재산세와 자동차세에 부가되는 지방교육세만 해당)

③ 경매·공매시 해당 재산에 부과된 상속세, 증여세 및 종합부동산세와 재산세 등의 법정 기일이 주택에 대한 전세권이나 임차인의 확정일자보다 늦은 경우 그 배분 예정액에 한하여 주택임차보증금에 먼저 배분할 수 있도록 한다.

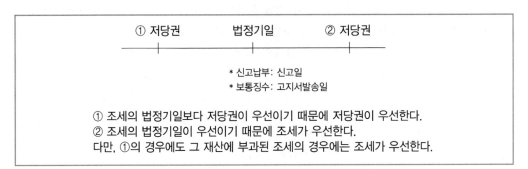

참고 법정기일
① 신고·납부 조세 : 그 신고일
② 보통징수 조세 : 납세고지서 발송일

참고 조세 우선 순위
① 지방자치단체 징수금 징수 순위 : 체납처분비 − 지방세(가산세 제외) − 가산세
② 국세의 징수 순위 : 강제징수비 − 국세(가산세 제외) − 가산세
③ 조세채권 사이의 우선 순위 : 담보된 조세 − 압류된 조세 − 교부청구된 조세

핵심 05 | 조세의 불복절차

1. 불복청구기간 및 결정

(1) 이의신청

① 이의신청은 불복의 사유를 갖추어 그 처분이 있음을 안 날(처분의 통지를 받은 때에는 그 받은 날)부터 **90일** 이내에 하여야 한다.

② 이의신청에 대한 결정은 그 신청을 받은 날로부터 **90일(국세의 경우 30일)** 이내에 결정하여야 한다.

(2) 심판청구(또는 심사청구 : 지방세 심사청구는 폐지되었다)

① 해당 처분이 있음을 안 날(처분의 통지를 받은 때에는 그 받은 날)부터 **90일** 이내에 제기하여야 한다.

② 이의신청을 거친 후 심판청구를 하려면 이의신청에 대한 결정의 통지를 받은 날부터 **90일** 이내에 제기하여야 한다.

③ 심판청구에 대한 결정은 심판청구를 받은 날부터 **90일** 이내에 하여야 한다.

④ 이의신청 심사청구 또는 심판청구의 배제
   ㉠ 이의신청 심사청구 또는 심판청구에 대한 처분
   ㉡ 통고처분
   ㉢ 감사원법에 따라 심사청구한 처분이나 그 심사청구에 대한 처분
   ㉣ 과세 전 적부심사의 청구에 대한 처분
   ㉤ 과태료의 부과

(3) 이의신청 등의 대리인

① 변호사, 세무사 등을 대리인으로 선임할 수 있다.

② 신청 또는 청구금액이 2천만원 미만인 경우에는 그의 배우자 4촌 이내의 혈족 또는 그의 배우자의 4촌 이내 혈족을 대리인으로 선임할 수 있다.

③ 대리인의 권한은 서면으로 증명해야 하며 대리인을 해임하였을 때에는 그 사실을 서면으로 신고하여야 한다.

④ 대리인은 본인을 위하여 그 신청 또는 청구에 관한 모든 행위를 할 수 있다. 다만, 그 신청 또는 청구의 취하는 특별한 위임을 받은 경우에만 할 수 있다.

(4) 행정소송

행정소송은 심사청구 또는 심판청구에 대한 결정의 통지를 받은 날부터 **90일** 이내에 제기하여야 한다.

(5) 기 타

① 심판청구는 그 처분의 집행에 효력을 미치지 아니하지만 압류한 재산에 대하여는 심판청구의 결정이 있는 날부터 **30일**까지 그 공매처분을 **보류**할 수 있다.

② **천재지변 등**으로 이의신청 기간 내에 이의신청을 할 수 없을 때에는 그 사유가 소멸한 날부터 **14일 이내에 이의신청**할 수 있다.

③ 이의신청에 따른 결정기간 내에 이의신청에 대한 결정통지를 받지 못한 경우에는 결정 통지를 받기 전이라도 그 결정기간이 지난날부터 90일 이내에 심판청구를 할 수 있다.

④ 지방세의 경우 심사청구는 폐지되었다.

⑤ 지방세에 관한 불복시 불복청구인은 이의신청을 거치지 않고 심판청구를 제기할 수 있다.

⑥ 지방세에 관한 불복시 불복청구인은 심판청구를 거치지 아니하고 행정소송을 제기할 수 없다.

불복절차	비 고
㉠ 이의신청 ⇨ 심사청구(지방세는 폐지) ⇨ 행정소송	
㉡ 이의신청 ⇨ 심판청구 ⇨ 행정소송	
㉢ 심사청구 ⇨ 행정소송	심사청구와 심판청구를 중복하여 제기할 수 없다.
㉣ 심판청구 ⇨ 행정소송	
㉤ 감사원심사청구 ⇨ 행정소송	

핵심 06 │ 서류송달

1. 서류송달 방법

(1) 교부송달 : 송달 받아야 할 자에게 서류를 교부하는 방법

(2) 우편송달 : 등기우편 또는 일반우편

(3) 전자송달 : 납세자가 신청시 정보통신망으로 전달

(4) 공시송달(서류의 송달을 받아야 할 자가 다음 각 호의 어느 하나에 해당하는 경우에는 서류의 주요 내용을 공고한 날부터 14일이 지나면 제28조에 따른 서류의 송달이 된 것으로 본다)

　　① 주소 또는 영업소가 국외에 있고 송달하기 곤란한 경우

　　② 주소 또는 영업소가 분명하지 아니한 경우

　　③ 송달하였으나 받을 사람이 없는 것으로 확인되어 반송되는 경우
　　　　㉠ 서류를 우편으로 송달하였으나 받을 사람이 없는 것으로 확인되어 반송됨으로써 납부 기한 내 송달하기 곤란하다고 인정되는 경우
　　　　㉡ 세무공무원이 2회 이상 납세자를 방문[처음 방문한 날과 마지막 방문한 날 사이의 기간이 3일(기간을 계산할 때 공휴일, 대체공휴일, 토요일 및 일요일은 산입하지 않는다) 이상이어야 한다]하며 서류를 교부하려고 하였으나 받을 사람이 없는 것으로 확인되어 납부기한 내에 송달하기가 곤란하다고 인정되는 경우

2. 송달의 효력발생

(1) 교부송달, 우편송달 : 도달한 때

(2) 전자송달 : 전자우편 주소에 저장된 때

(3) 공시송달 : 서류의 주요 내용을 공고한 날로부터 14일이 지났을 때

3. 서류의 송달

(1) 명의인의 주소, 거소, 영업소 또는 사무소에 송달한다.

(2) 연대납세의무자

　　① 대표자

　　② 대표자가 없으면 징수하기 유리한 자

　　③ 납세의 고지와 독촉 : 연대납세의무자 모두에게 각각 송달

(3) 납세관리인이 있는 경우 : 납세관리인의 주소 또는 영업소

구 분	취득세	등록세	재산세	종부세	양도세
국 세					
지방세					
물 납					
분 납					
보통세					
목적세					
직접세					
간접세					
인 세					
물 세					
개별과세					
합산과세					
납세지					
비례세율					
누진세율					
표준세율					
종가세					
종량세					
정률세					
정액세					
농어촌특별세					
지방교육세					
면세점 등					
보통징수					
신고 · 납부					
가산세					
기한 후 신고					
당해세					
납세의무 성립시기					
확정시기					
소멸사유					
제척기간					
소멸시효					
납세절차					
공동소유					
다가구주택					
겸용주택					
세부담상한					

1. 지방자치단체의 장은 재산세의 납부세액이 1천만원을 초과하는 경우에는 납세의무자의 신청을 받아 해당 지방자치단체의 관할구역에 있는 부동산에 대하여만 대통령령으로 정하는 바에 따라 물납을 허가할 수 있다.

2. 재산세가 분할납부 대상에 해당하는 경우에도 소방분 지역자원시설세는 분할납부할 수 없다.

3. 납세의무자란 지방세법에 따라 지방세를 납부할 의무(특별징수의무자를 포함)가 있는 자를 말한다.

4. 과세표준과 세액을 과세권자가 결정하는 때 세액이 확정됨이 원칙이나 납세의무자가 법정신고기간 내 이를 신고하는 때에는 과세권자의 결정이 없었던 것으로 보는 세목은 종합부동산세이다.

5. 지방세 징수법상 체납액이란 체납된 지방세와 체납처분비를 말한다.

6. 지방자치단체 징수금의 징수순위는 체납처분비 - 지방세(가산세 제외) - 가산세 순서에 따른다.

7. 무신고가산세(사기나 그 밖의 부정한 행위로 인하지 않은 경우)는 무신고납부세액의 100의 20에 상당하는 금액으로 한다.

8. 지방세의 가산세는 해당 의무가 규정된 해당 지방세의 세목으로 하며 해당 지방세를 감면하는 경우, 가산세는 그 감면대상에 포함시키지 아니하는 것으로 본다.

9. 고지서 1장당 재산세로 징수할 세액이 2천원인 경우에는 해당 재산세를 징수하지 아니한다.

10. 면세점이라 함은 과세표준 금액이 일정금액 또는 일정면적 이하가 되면 조세를 부과하지 않는 것을 말한다.

11. 농어촌특별세, 지방교육세, 인지세는 부동산을 취득하는 경우, 취득단계에서 부담할 수 있는 조세이다.

12. 농어촌특별세, 지방교육세, 지방소득세, 소방분에 대한 지역자원시설세는 보유단계에서 부담할 수 있는 세목이다.

13. 지방소득세는 보유와 양도단계에서 공통으로 부과할 수 있는 조세이다.

14. 양도소득은 다른 소득과 합산하여 종합소득세로 신고하고 납부하여야 한다.

15. 종합부동산세는 주택에 대한 종합부동산세와 토지에 대한 종합부동산세의 세액을 합한 금액을 그 세액으로 한다.

16. "보통징수"란 지방세를 징수할 때 편의상 징수할 여건이 좋은 자로 하여금 징수하게 하고 그 징수한 세금을 납부하게 하는 것을 말한다.

17. 납세의무의 성립시기로 옳은 것을 고르시오.

> ㉠ 소득세: 소득을 지급하는 때
> ㉡ 농어촌특별세: 과세기간이 종료하는 때
> ㉢ 재산세: 과세기준일
> ㉣ 지방교육세: 그 과세표준이 되는 세목의 납세의무가 성립하는 때
> ㉤ 수시부과에 의하여 징수하는 재산세: 수시부과할 사유가 발생하는 때

18. 취득세는 취득세 과세물건을 취득하는 때에 납세의무가 성립한다.

19. 등록면허세는 재산권 등 그 밖의 권리를 등기 또는 등록하는 때에 납세의무가 성립한다.

20. 종합부동산세는 과세기준일에 납세의무가 성립한다.

21. 재산세는 과세기준일(매년 6월 1일)에 납세의무가 확정된다.

22. 개인분 주민세의 경우 과세기준일(매년 6월 1일)에 납세의무가 성립한다.

23. 등록에 대한 등록면허세는 재산권 등을 등기 또는 등록하는 때에 납세의무가 성립하고, 납세의무자의 신고가 있더라도 지방자치단체가 과세표준과 세액을 결정하는 때에 확정된다.

24. 종합부동산세의 경우 부과제척기간의 기산일은 과세표준과 세액에 대한 신고기한의 다음 날이다.

25. 중간예납하는 소득세는 중간예납기간이 끝나는 때(6월 30일) 납세의무가 성립한다.

26. 지방세 부과의 제척기간은 권리관계를 조속히 확정·안정시키려는 것으로 지방세징수권 소멸시효와는 달리 기간의 중단이나 정지가 없다.

27. 국세기본법상 사기나 그 밖의 부정한 행위로 주택의 양도소득세를 포탈하는 경우 국세부과의 제척기간은 7년이다.

28. 납세자가 법정신고기한까지 소득세의 과세표준신고서를 제출하지 아니하여 해당 지방소득세를 부과할 수 없는 경우에 지방세 부과 제척기간은 5년이다.

29. 종합부동산세 납부고지서의 발송일 전에 주택임대차보호법 제2조에 따른 주거용 건물 전세권 설정 등기 사실이 증명되는 재산을 매각하여 그 매각금액에서 종합부동산세를 징수하는 경우 종합부동산세는 주거용 건물 전세권에 따라 담보된 채권에 우선한다.

30. 취득세 신고서를 납세지 관할 지방자치단체장에게 제출한 날 전에 저당권 설정 등기 사실이 증명되는 재산을 매각하여 그 매각대금에서 취득세를 징수하는 경우 저당권에 따라 담보된 채권은 취득세에 우선한다.

31. 납세담보물 매각시 압류에 관계되는 조세채권은 담보 있는 조세채권보다 우선한다.

32. 납세의무자가 취득세를 신고하였으나 지방자치단체의 장이 경정하는 경우, 납세고지한 세액에 대한 지방세 징수권을 행사할 수 있는 때는 그 납세고지서에 따른 납부기한의 다음 날이다.

33. 이의신청은 처분이 있는 것을 안 날(처분의 통지를 받은 날)부터 90일 이내에 하여야 한다.

34. 심판청구는 그 처분의 집행에 효력이 미치지 아니하지만 압류한 재산에 대하여는 심판청구의 결정이 있는 날부터 30일까지 그 공매처분을 보류할 수 있다.

35. 지방세기본법상 통고처분은 이의신청 또는 심판청구의 대상이 되는 처분에 포함하지 아니한다.

36. 지방세에 관한 불복시 불복청구인은 이의신청을 거치지 않고 심판청구를 제기할 수 없다.

37. 지방세에 관한 불복시 불복청구인은 심판청구를 거치지 아니하고 행정소송을 제기할 수 있다.

38. 연대납세의무자에게 납세의 고지에 관한 서류를 송달할 때에는 연대납세의무자 모두에게 각각 송달하여야 한다.

39. 교부에 의한 서류송달의 경우에 송달할 장소에서 서류를 송달받아야할 자를 만나지 못하였을 때에는 그의 사용인으로서 사리를 분별할수 있는 사람에게 서류를 송달할 수 있다.

40. 서류송달을 받아야 할 자의 주소 또는 영업소가 분명하지 아니한 경우에는 서류의 주요 내용을 공고한 날부터 14일이 지나면 서류의 송달이 된 것으로 본다.

Answer

1. ○ 2. 재산세가 분할납부 대상에 해당하는 경우 소방분 지역자원시설세도 분할납부할 수 있다. 3. 특별징수의무자는 포함하지 아니한다. 4. ○ 5. ○ 6. ○ 7. ○ 8. ○ 9. 2,000원부터는 징수한다. 10. ○ 11. ○ 12. ○ 13. ○ 14. 양도소득은 다른 소득과 합산하지 아니하고 분류과세 한다. 15. ○ 16. 특별징수를 말한다. 17. ©, @, @ 18. ○ 19. ○ 20. ○ 21. 과세기준일에 납세의무가 성립되고 과세권자가 결정하는 때 확정된다. 22. 주민세는 매년 7월 1일이 과세기준일이다. 23. 신고납부 조세로 신고하면 신고할 때 납세의무가 확정되고 신고를 하지 않은 경우 지방자치단체가 결정할 때 확정된다. 24. 종합부동산세의 경우 부과제척기간의 기산일은 납세의무성립일이다. 25. ○ 26. ○ 27. 10년 28. 7년 29. 종합부동산세 납부고지서의 발송일 전에 주택임대차보호법 제2조에 따른 주거용 건물 전세권 설정 등기 사실이 증명되는 재산을 매각하여 그 매각금액에서 종합부동산세를 징수하는 경우 주거용 건물 전세권에 따라 담보된 채권이 종합부동산세에 우선한다. 30. ○ 31. 납세담보가 되어 있는 재산 매각의 경우 압류가 되어 있는 경우에도 징수순위는 1순위 : 담보된 세금, 2순위 : 압류한 세금, 3순위 : 교부청구한 세금순으로 징수한다. 32. ○ 33. ○ 34. ○ 35. ○ 36. 지방세에 관한 불복 시 불복청구인은 이의신청을 거치지 않고 심판청구를 제기할 수 있다. 37. 지방세에 관한 불복시 불복청구인은 심판청구를 거치지 아니하고 행정소송을 제기할 수 없다. 38. ○ 39. ○ 40. ○

MEMO

박문각 공인중개사 ────────────────────────────

PART

02

지방세

Chapter 01 취득세

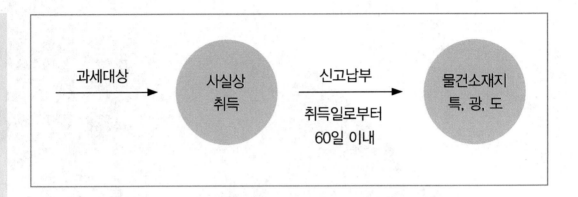

핵심 01 **취득세 의의 및 과세대상**

1. 취득세의 특징

① 물건의 소재지 관할 특별시·광역시·도에서 부과하는 지방세 중 도세이다.

② 취득당시 **사실상 현황**으로 과세한다. 다만, 사실상 현황이 불분명하면 공부상의 현황으로 과세한다.

③ 취득세는 과세대상 물건의 소유권이 이전되는 과정에서 과세되는 거래세 행위세 물세이다.

④ 도지사는 조례가 정하는 바에 따라 **표준세율**의 100분의 50범위에서 가감할 수 있다. 단, **중과세율에는 적용하지 않는다.**

⑤ 동일한 과세물건에 2 이상의 세율이 적용되는 때에는 그중 **높은** 세율을 적용한다.

⑥ 과세표준 크기와 관계없이 동일한 세율인 차등 비례세율을 적용한다.

⑦ 취득세는 과세물건을 취득하는 때 납세의무가 성립하고 신고하는 때 납세의무가 확정된다.

⑧ 취득세는 면세점 규정(취득가액이 50만원 이하)이 적용된다.

2. 취득의 개념

"취득"이란 매매, 교환, 상속, 증여, 기부, 법인에 대한 현물출자, 건축, 개수(改修), 공유수면의 매립, 간척에 의한 토지의 조성 등과 그 밖에 이와 유사한 취득으로서 원시취득(수용재결로 취득한 경우 등 과세대상이 이미 존재하는 상태에서 취득하는 경우는 제외한다), 승계취득 또는 **유상·무상의 모든 취득**을 말한다.

3. 과세대상

부동산	토지(승계, 원시, 간주 취득 모두 과세한다)		
	건축물	건축법상 건축물	
		시설물	토지, 지하 또는 다른 구조물에 설치하는 시설물
			건축물에 부수되는 시설물
부동산에 준하는 것	차량, 기계장비, 항공기, 선박(원시취득은 과세하지 않는다)		
기타권리	광업권, 어업권, 양식업권(출원에 의한 원시취득은 면제), 입목		
	골프 회원권, 승마 회원권, 콘도미니엄 회원권, 종합체육시설 이용 회원권, 요트 회원권		

▸ 지상권, 전세권, 분양권, 입주권 등은 취득세 과세대상이 아니다.

구 분	주택여부	주택수 포함	취득세	양도세	장기보유특별공제	양도소득기본공제
입주권	×	○	×	○	○	○
분양권	×	○	×	○	×	○

4. 취득의 구분

취 득	사실상의 취득	승계취득	유상승계취득 : 매매 · 교환 · 현물출자 등
			무상승계취득 : 상속 · 증여 · 기부
		원시취득	토지 : 공유수면 매립 · 간척으로 토지조성
			건축물 : 신축 · 재축
			선박 : 건조
			차량 · 기계장비 · 항공기 : 제조 · 조립
			광업권 · 어업권 · 양식업권 : 출원에 의한 취득
			민법상 시효취득
	간주취득(취득의제)		토지 : 지목변경으로 인하여 가액의 증가
			건축물 : 개수로 가액증가
			차량 · 기계장비 · 선박 : 종류변경으로 가액의 증가
			과점주주의 주식 · 지분취득 : 50% 초과 취득(비상장법인)

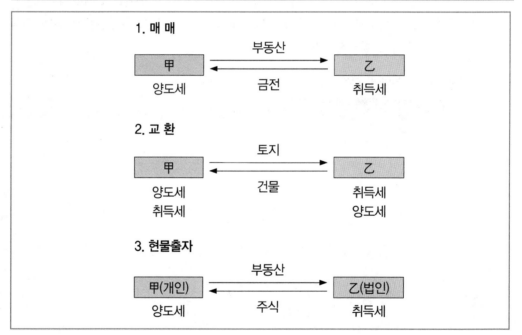

(1) 사실상의 취득

① 승계취득(유상, 무상과 관계없이 과세한다)

㉠ 유상승계취득 : 매매, 교환, 현물출자, 연부취득, 대물변제 등

㉡ 무상승계취득 : 상속, 증여 기부 등

❦ **연부취득**

구 분	내 용
취득시기	사실상 연부금 지급일
과세표준	연부금액(매회 사실상 지급되는 금액)
면세점	연부금 총액

연부취득 중인 과세물건을 마지막 연부금 지급일 전에 계약을 해제한 경우 이미 납부한 취득세는 환급

② 원시취득

㉠ 토지 : 공유수면의 매립, 간척

㉡ 건축물 : 건축(신축, 재축)

㉢ 차량, 기계장비, 선박, 항공기 : 제조 조립 건조(과세하지 않는다)

㉣ 광업권 · 어업권 · 양식업권 : 출원에 의한 취득(면제)

㉤ 민법상 시효취득

▸ 차량, 기계장비, 선박, 항공기를 원시취득하는 경우 부과대상에서 제외되어 취득세를 과세하지 않는다. 즉, 승계취득의 경우에 과세한다.

(2) 의제(간주)취득(세율 : 중과기준세율 적용)

소유권의 사실상 취득은 아니지만 법률에 의하여 취득으로 의제하는 것으로 간주취득이라고 하며 취득의제(①②③의 경우)인 경우에는 증가한 가액에 대해서만 과세한다.

① 토지 : 지목변경으로 인한 가액의 증가

② 건축물 : 개수와 대수선 등으로 인한 가액의 증가

③ 차량, 기계장비, 선박 : 종류변경으로 인한 가액의 증가

④ 과점주주의 주식 취득(50% 초과)

　㉠ 비상장 법인의 주식

　㉡ 법인설립시 과점주주인 경우 : 당해 법인의 부동산 등을 **취득한 것으로 보지 않는다**.

　㉢ 과점주주가 아닌 자가 최초로 과점주주가 된 경우 : 과점주주가 된 날 현재 당해 과점주주가 소유하고 있는 법인의 주식 또는 지분을 **모두** 취득한 것으로 본다.

구 분	설립시	추가취득	지분합계	과세여부
갑(甲)	55%	5%	60%	5% 과세
을(乙)	45%	10%	55%	55% 과세

　㉣ 재차 과점주주의 경우 : **증가분**에 대하여 과세

구 분	과점주주	주식처분	추가취득	지분합계	과세여부
갑(甲)	55%	5%	10%	60%	5%
을(乙)	60%	10%	5%	55%	비과세

　㉤ 이미 과점주주주인 경우 : **증가분**(단, 증가 후 지분이 이전에 **최고지분보다 증가**되지 않은 경우 과세하지 아니한다)

✔주의
- 감자로 인한 주식비율 증가는 취득으로 간주하지 아니한다.
- 법인이 새로운 자산을 취득하여도 과점주주의 주식비율이 변동 없으면 과세하지 않는다.
- 법인이 신탁법에 따라 신탁한 재산으로서 수탁자 명의로 등기·등록이 되어있는 부동산 등도 취득한 것으로 간주한다.
- 과점주주 집단내부 및 특수관계자 간의 주식거래가 발생한 경우에도 과점주주가 소유한 총 주식의 비율에 변동이 없는 경우 과점주주의 경우 납세의무가 없다.

5. **과세권자**(징수는 시, 군, 구에 위임했지만 과세권자는 특, 광, 도이다)

납세지 관할 도지사 또는 특별시장 광역시장·특별자치시장·특별자치도지사

▶ 취득세는 시·군 금고에 납부하여야 한다 : ○

빈출지문

1. 콘도미니엄 회원권, 등기된 부동산 임차권, 골프 회원권, 지목이 잡종지인 토지, 승마 회원권 모두는 지방세법상 취득세 과세객체가 되는 취득의 목적물에 해당된다.

2. 취득세의 과세대상은 부동산 · 차량 · 기계장비 · 입목 · 항공기 · 선박 · 광업권 · 어업권 · 양식업권 · 골프 회원권 · 콘도미니엄 회원권 · 종합체육시설 이용 회원권 · 승마 회원권 · 요트 회원권이다.

3. 교환에 의한 농지의 취득, 건축물의 건축, 증여에 의한 콘도미니엄 회원권의 취득매매에 의한 특허권의 취득, 토지의 사실상 지목변경으로 가액의 증가, 이 모두는 취득세의 과세대상에 해당된다.

4. 차량 · 기계장비 · 항공기 및 주문에 의하여 건조하는 선박은 원시취득에 한하여 납세의무가 있다.

5. 「민법」 등 관계법령에 따른 등기를 하지 아니한 부동산의 취득은 사실상 취득하더라도 취득한 것으로 볼 수 없다.

6. 토지의 지목을 사실상 변경함으로써 그 가액이 증가한 경우는 이를 취득으로 본다.

7. 개인 간에 부동산을 교환하는 경우에는 취득세를 과세하지 아니한다.

8. 지방세법상 부동산의 유상취득으로 보는 경우에 해당하지 않는 것은?

> ① 공매를 통하여 배우자의 부동산을 취득한 경우
> ② 파산선고로 인하여 처분되는 직계비속의 부동산을 취득한 경우
> ③ 배우자의 부동산을 취득한 경우로서 그 취득대가를 지급한 사실을 증명한 경우
> ④ 권리의 이전이나 행사에 등기가 필요한 부동산을 직계존속과 서로 교환한 경우
> ⑤ 증여자의 채무를 인수하는 부담부증여(배우자 직계존비속은 제외)로 취득한 경우로서 그 채무액에 상당하는 부분을 제외한 나머지 부분의 경우

9. 거주자 甲의 A비상장법인에 대한 주식보유 현황은 아래와 같다. 2025년 9월 15일 주식 취득 시 지방세법상 A법인 보유 부동산 등에 대한 甲의 취득세 과세표준을 계산하는 경우, 취득으로 간주되는 지분비율은? (다만, A법인 보유 자산 중 취득세가 비과세·감면되는 부분은 없으며, 甲과 특수관계에 있는 다른 주주는 없음)

구 분	발행주식수	보유주식수
㉠ 2021년 1월 1일 설립시	10,000주	5,000주
㉡ 2023년 4월 29일 주식 취득 후	10,000주	6,000주
㉢ 2024년 7월 18일 주식 양도 후	10,000주	3,000주
㉣ 2025년 9월 15일 주식 취득시	10,000주	7,000주

10. 과점주주 집단 내부에서 주식이 이전되었으나 과점주주 집단이 소유한 총주식의 비율에 변동이 없는 경우 취득으로 보지 아니한다.

11. 법인 설립시 발행하는 주식 또는 지분을 취득함으로써 과점주주가 되었을 때에는 그 과점주주가 해당 법인의 부동산 등을 취득한 것으로 본다.

12. 다른 주주의 주식이 감자됨으로써 비상장법인 과점주주의 지분비율이 증가한 경우에는 취득세 납세의무가 있다.

13. 설립시 지분비율이 40%인 주주가 지분 20%를 증자로 추가로 취득한 경우에 취득으로 간주되는 지분비율은 20%이다.

14. 설립시 지분비율이 60%인 주주가 지분 10%를 증자로 추가로 취득한 경우에 취득으로 간주되는 지분비율은 70%이다.

15. 토지 건축물의 경우 승계취득의 경우 과세하고 원시취득의 경우에는 과세하지 아니한다.

Answer

1. 등기된 부동산 임차권은 양도소득세 과세대상이다.   2. ○   3. 특허권은 취득세 과세대상이 아니다.
4. 원시취득은 과세하지 아니하고 승계취득의 경우 과세한다.   5. 취득세는 등기를 하지 않은 경우에도 사실상 취득하면 취득으로 보아 과세한다.   6. ○   7. 교환도 유상승계취득으로 취득세를 과세한다.   8. ⑤ 부담부 증여의 경우 채무 부담부분은 유상취득으로 보고 채무 이외의 부분은 무상취득으로 본다.
9. 10% : 재차 과점주주의 경우 그 이전 과점주주 지분(60%)보다 증가분(10%)에 한하여 과세한다.   10. ○   11. 설립당시 과점주주는 과세하지 않는다.   12. 증자로 인한 지분증가는 취득으로 보지만 감자로 인한 경우는 취득으로 보지 아니한다.   13. 최초 과점주주로 60%를 취득으로 본다.   14. 증가분인 10%를 취득으로 본다.   15. 토지 건축물의 경우 승계취득·원시취득 모두 과세한다.

핵심 02 | 납세의무자

1. 원칙 : 사실상 취득자

부동산 등의 취득은 **등기·등록을 하지 아니한 경우라도 사실상 취득한 경우** 각각 취득한 것으로 보아 해당 취득물건의 소유자 또는 양수인을 각각 취득자로 한다.

▸ 차량, 기계장비, 항공기 및 주문에 의해 건조하는 선박은 승계취득에 한하여 취득세를 과세하며 원시취득의 경우에는 과세하지 않음

2. 의제 납세의무자

(1) 주체구조부 취득자

건축물 중 조작 설비, 그 밖의 부대설비에 속하는 부분으로서 그 주체구조부와 하나가 되어 건축물로서 효용가치를 이루고 있는 것에 대하여 **주체구조부 취득자** 이외의 자가 가설한 경우

(2) 수입하는 자

외국인 소유의 취득세 과세대상 물건(차량, 기계장비, 항공기 및 선박에 한한다)을 직접 사용하거나 국내의 시설대여 이용자에게 대여하기 위하여 소유권을 이전 받는 것을 조건으로 임차하여 수입하는 경우에는 수입하는 자가 이를 취득한 것으로 본다.

(3) 상속에 의한 취득 : 상속인

상속(피상속인으로부터 상속인에게 한 유증 및 포괄유증과 신탁재산의 상속을 포함한다)으로 인하여 취득하는 경우에는 상속인 각자가 상속받는 과세물건(지분을 취득하는 경우에는 그 지분에 해당하는 취득물건)을 취득한 것으로 본다. 이 경우 공동상속의 경우 상속인에게는 연대납세의무가 있다.

(4) 조합주택용 부동산의 취득 : 조합원

「주택법」의 규정에 의한 주택조합과 「도시 및 주거환경정비법」의 규정에 의한 주택재건축조합이 당해 **조합원용**으로 취득하는 조합주택용 부동산(공동주택과 부대복리시설 및 그 부속토지를 말한다)은 그 **조합원**이 취득한 것으로 본다. 단, 조합원에게 귀속되지 아니하는 부동산(비조합원용 부동산)은 조합이 취득한 것으로 본다.

(5) 토지의 지목변경

가액이 증가한 경우 사실상 변경된 시점의 소유자

(6) 「도시개발법」에 따른 도시개발사업(환지방식만 해당)의 시행으로 토지의 지목이 사실상 변경된 때에는 그 환지계획에 따라 공급되는 환지는 조합원이 체비지 보류지는 사업시행자가 각각 취득한 것으로 본다.

(7) 선박, 차량, 기계장비의 종류변경

변경시점의 소유자

(8) 시설대여업자

등록 명의자와 관계없이 시설대여업자가 납세의무자이다.

(9) 배우자 직계존비속으로부터 취득

증여로 취득한 것으로 본다. 단, 다음의 경우에는 유상(**파 경 대 교**)으로 취득한 것으로 본다.

> ① **공매**(경매 포함)를 통하여 부동산을 취득한 경우
> ② **파산선고**로 인하여 처분되는 부동산 등을 취득한 경우
> ③ 권리의 이전이나 행사에 **등기·등록**이 필요한 부동산 등을 서로 **교환**하는 경우
> ④ 해당 부동산 등의 취득을 위하여 그 대가를 지급한 사실이 다음의 어느 하나에 의하여 **증명**한 경우
>   ㉠ 그 대가를 지급하기 위한 취득자의 소득이 증명되는 경우
>   ㉡ 소유재산을 처분 또는 담보한 금액으로 해당 부동산을 취득한 경우
>   ㉢ 이미 상속세 또는 증여세를 과세 받았거나 신고한 경우로서 그 상속 또는 수증 재산의 가액으로 그 대가를 지급한 경우
>   ㉣ ㉠부터 ㉢까지에 준하는 것으로서 취득자의 재산으로 그 대가를 지급한 사실이 입증되는 경우

(10) 부담부증여의 경우

구 분			유 형
일반적인 경우	채무액		유상
	채무 외		증여
배우자 또는 직계존비속	채 무	원 칙	증여
		입증되는 경우 ① 공매(경매) ② 파산선고 ③ 교환 ④ 대가지급 : 소득, 재산 처분·담보 등	유상
	채무 외		증여

(11) 상속개시 후 재분할

상속개시 후 상속분이 확정되어 등기 등이 된 후 그 상속재산에 대하여 공동 상속인이 협의하여 재분할한 결과 당초 상속분을 초과하여 취득하는 경우 상속분이 감소한 상속인으로부터 증여로 취득한 것으로 본다. 다만, 다음에 해당하는 경우에는 그러하지 아니하다.

① 신고·납부기한 내에 재분할에 의한 취득과 등기 등을 모두 마친 경우
② 상속회복청구의 소에 의한 법원의 확정판결에 의하여 상속인 및 상속재산에 변동이 있는 경우
③ 민법 등에 따른 채권자대위권의 행사에 의하여 공동상속인들의 법정상속분대로 등기 등이 된 상속재산을 상속인 사이의 협의분할에 의하여 재분할 하는 경우

(12) 과점주주의 납세의무

비상장법인의 주식 또는 지분을 취득함으로써 과점주주가 된 경우에는 그 과점주주가 해당 법인의 부동산 등(법인이 신탁법에 따라 신탁한 재산으로 수탁자 명의로 등기·등록이 되어 있는 부동산을 포함)을 취득한 것으로 본다.

(13) 「공간정보의 구축 및 관리 등에 관한 법률」 제67조에 따른 대(垈) 중 국토의 계획 및 이용에 관한 법률 등 관계 법령에 따라 택지공사가 준공된 토지에 정원 또는 부속시설물 등을 조성·설치하는 경우에는 그 정원 또는 부속시설물 등은 토지에 포함되는 것으로서 토지의 지목을 사실상 변경하는 것으로 보아 **토지의 소유자가** 취득한 것으로 본다. 다만, **건축물을 건축하면서** 그 건축물에 부수되는 정원 또는 부속시설물 등을 조성·설치하는 경우에는 그 정원 또는 부속시설물 등을 조성·설치하는 것으로 보아 **건축물을 취득하는** 자가 취득한 것으로 본다.

(14) 「신탁법」에 따라 신탁재산의 위탁자의 지위의 이전이 있는 경우에는 새로운 위탁자가 해당 신탁재산을 취득한 것으로 본다. 다만, 위탁자 지위의 이전에도 불구하고 신탁재산에 대한 실질적인 소유권 변동이 있다고 보기 어려운 경우로서 대통령령이 정하는 경우에는 그러하지 아니하다.

(15) 甲소유 미등기 건물에 대하여 乙이 채권확보를 위하여 법원의 판결에 의한 소유권 보존등기를 甲의 명의로 등기할 경우의 취득세 납세의무자는 甲에게 있다.

　① 「부동산등기법」에 따라 대위등기를 하고자 하는 채권자는 취득세 과세물건을 취득한 자를 대위하여 취득세를 신고할 수 있다.

　② 이 경우 채권자대위자는 행정안전부령으로 정하는 바에 따라 납부확인서를 발급받을 수 있다.

　③ 지방자치단체의 장은 대위자의 신고가 있는 경우 납세의무자에게 신고접수 사실을 즉시 통보하여야 한다

(16) 「도시개발법」에 따른 도시개발사업과 「도시 및 주거환경정비법」에 따른 정비사업의 시행으로 해당 사업의 대상이 되는 부동산의 소유자(상속인을 포함한다)가 환지계획 또는 관리처분계획에 따라 공급받거나 토지상환채권으로 상환받는 건축물은 그 소유자가 원시취득한 것으로 보며, 토지의 경우에는 그 소유자가 승계취득한 것으로 본다. 이 경우 토지는 당초 소유한 토지 면적을 초과하는 경우로써 그 초과한 면적에 해당하는 부분에 한정하여 취득한 것으로 본다.

빈출지문

1. 외국인 소유의 선박을 직접 사용할 목적으로 임차하여 수입하는 경우는 수입하는 자가 이를 취득한 것으로 본다.

2. 배우자 직계존비속으로부터 취득한 경우로서 그 대가를 지급한 사실이 증명된 경우에는 유상으로 취득한 것으로 본다.

3. 상속으로 인하여 취득하는 경우에는 상속인 각자가 상속받는 과세물건을 취득한 것으로 보아 취득세의 납세의무를 진다. 이때 공동상속의 경우 공동상속인이 연대하여 납부할 의무를 진다.

4. 건축물의 조작 기타 부대설비에 속하는 부분으로서 그 주체구조부와 일체가 되어 건축물의 효용가치를 이루고 있는 것이라 하더라도 주체구조부 취득자 이외의 자가 가설한 경우에는 이를 가설한 자가 납세의무자가 된다.

5. 부동산의 취득은 「민법」 등 관계 법령에 따른 등기를 하지 아니한 경우라도 사실상 취득하면 취득한 것으로 본다.

6. 「주택법」에 따른 주택조합이 해당 조합원용으로 취득하는 조합주택용 부동산(조합원에게 귀속되지 아니하는 부동산은 제외)은 그 조합원이 취득한 것으로 본다.

7. 「도시개발법」에 따른 도시개발사업(환지방식만 해당)의 시행으로 토지의 지목이 사실상 변경된 때에는 그 환지계획에 따라 공급되는 환지는 조합원이 체비지 보류지는 사업시행자가 각각 취득한 것으로 본다

8. 직계비속이 권리의 이전에 등기가 필요한 직계존속의 부동산을 서로 교환한 경우 무상으로 취득한 것으로 본다.

9. 직계비속이 공매를 통하여 직계존속의 부동산을 취득한 경우 유상으로 취득한 것으로 본다.

10. 비상장법인의 설립당시 과점주주가 된 경우에는 해당 법인의 부동산 등을 취득한 것으로 보지 아니한다.

11. 증여자의 채무를 인수하는 부담부증여(배우자 직계존비속은 제외)의 경우 그 채무액에 해당하는 부분을 제외한 부분은 유상으로 취득한 것으로 본다.

12. 「신탁법」에 따라 신탁재산의 위탁자 지위 이전이 있는 경우에는 새로운 위탁자가 해당 신탁재산을 취득한 것으로 본다.

13. 증여로 인한 승계취득의 경우 해당 취득물건을 등기·등록을 하더라도 취득일이 속한 달의 말일부터 3개월 이내에 공증받은 공정증서에 의하여 계약이 해제된 사실이 입증되는 경우에는 취득한 것으로 보지 아니한다.

Answer

1. ○ 2. ○ 3. ○ 4. 주체구조부 취득자가 납세의무자이다. 5. ○ 6. ○ 7. ○ 8. 직계비속이 권리의 이전에 등기가 필요한 직계존속의 부동산을 서로 교환한 경우에는 유상으로 취득한 것으로 본다. 9. ○ 10. ○ 11. 그 채무액에 해당하는 부분을 유상취득으로 보고 채무액을 제외한 부분은 무상으로 취득한 것으로 본다. 12. ○ 13. 등기·등록을 하지 아니한 경우에 취득으로 보지 아니한다.

핵심 03 비과세

(1) 국가 등에 대한 비과세

① 국가 등이 취득하는 것(단, 외국정부는 상호주의에 의한다)

② 국가 등에 귀속 또는 기부채납조건으로 취득하는 부동산

▶ 단, 다음의 경우에는 취득세를 부과한다.

㉠ 국가 등에 귀속 등의 조건을 이행하지 아니하고 타인에게 매각, 증여하거나 귀속 등의 조건을 이행하지 아니하는 것으로 조건이 변경된 경우

㉡ 국가 등에 귀속 등의 반대급부로 국가 등이 소유하고 있는 부동산 및 사회기반시설을 무상으로 양여받거나 기부채납 대상물의 사용권을 무상으로 제공받는 경우

(2) 신탁(신탁법에 의한 신탁으로서 신탁등기가 병행되는 것에 한한다)**으로 인한 신탁재산의 취득**(단, 주택조합 등과 조합원 간의 부동산 취득 및 주택조합 등의 비조합원용 부동산 취득은 과세한다)

① 위**탁**자로부터 수**탁**자에게 신탁재산을 이전하는 경우의 취득

② 신탁의 종료 또는 해지로 인하여 수**탁**자로부터 신탁재산이 위**탁**자에게 이전되는 경우의 취득

③ 신탁의 수**탁**자 경질로 인하여 신수**탁**자에게 신탁재산을 이전하는 경우의 취득

▶ 신탁재산이 위탁자의 상속인에게 이전되는 경우에는 상속에 의한 취득과 위탁자가 아닌 다른 수익자에게 증여된 경우에는 증여에 의한 취득으로 취득세를 과세한다.

---

1. 취득세
① 비과세(신탁법상 신탁은 비과세 / 명의신탁은 비과세를 적용하지 않는다)
② 신탁법에 따라 신탁재산의 위탁자의 지위 이전이 있는 경우에는 새로운 위탁자가 해당 신탁재산을 취득한 것으로 본다.
2. 재산세
① 납세의무자 : 위탁자(종합부동산세 납세의무자도 동일)
② 신탁재산의 위탁자가 재산세 등을 체납한 경우로서 그 위탁자의 다른 재산에 대하여 체납처분을 하여도 징수할 금액에 미치지 못할 때에는 해당 신탁재산의 수탁자는 그 신탁재산으로서 위탁자의 재산세 등을 납부할 의무가 있다.
3. 양도소득세
① 신탁법상 신탁은 양도로 보지 아니한다(취득세는 비과세).
② 명의신탁의 경우도 양도로 보지 아니한다(취득세는 과세).

---

(3) 법률에 의한 환매권의 행사

개인 간 환매 등기로 인한 환매는 비과세 대상이 아니고 표준세율에서 중과기준세율을 뺀 세율을 적용한다.

(4) 임시용 건축물(사치성 재산은 비과세 제외)

존속기간이 1년을 초과하는 경우는 과세한다(중과기준세율을 적용한다).

(5) 개수로 인한 취득

공동주택 개수(건축법상 대수선은 제외)로 인한 취득 중 취득 당시 주택의 시가표준액이 9억 원 이하인 주택의 개수로 인한 취득은 취득세를 부과하지 아니한다.

(6) 상속개시 이전에 천재지변 등에 의한 차량취득

빈출지문

1. 지방자치단체에 기부채납을 조건으로 부동산을 취득하는 경우라도 그 반대급부로 기부채납 대상물의 무상사용권을 제공받은 때에는 그 해당 부분에 대해서는 취득세를 부과한다.

2. 대한민국 정부기관의 취득에 대하여 과세하는 외국정부의 취득의 경우, 취득세를 부과한다.

3. 법령이 정하는 고급주택에 해당하는 임시건축물의 취득은 취득세가 비과세된다.

4. 국가, 지방자치단체(다른 법률에서 국가 또는 지방자치단체로 의제되는 법인은 제외한다) 또는 지방자치단체조합에 귀속 또는 기부채납을 조건으로 취득하는 부동산에 대하여는 취득세를 부과하지 아니한다.

5. 신탁의 종료 또는 해지로 인하여 수탁자로부터 신탁재산이 위탁자에게 이전되는 경우 취득세를 부과하지 아니한다.

6. 「건축법」상 대수선으로 인해 공동주택을 취득한 경우에는 취득세를 부과하지 아니한다.

7. 직계존속으로부터 거주하는 주택을 증여 받은 경우 취득세를 부과하지 아니한다.

8. 파산선고로 인하여 처분되는 부동산을 취득한 경우 취득세를 부과하지 아니한다.

9. 신탁(「신탁법」에 따른 신탁으로서 신탁등기가 병행되는 것만 해당한다)으로 인한 신탁재산의 취득 중 주택조합 등과 조합원 간의 부동산 취득에 대해서는 취득세를 부과한다.

10. 영리법인이 취득한 임시흥행장의 존속기간이 1년을 초과하는 경우에는 취득세를 부과한다.

Answer

1. ○ 2. ○ 3. 사치성 재산은 비과세하지 아니한다. 4. ○ 5. ○ 6. 「건축법」상 대수선은 비과세하지 아니한다. 7. 증여로 취득한 것으로 보아 취득세를 납부하여야 한다. 8. 파산선고로 인하여 처분되는 부동산을 취득한 경우 양도소득세는 비과세를 하지만 취득세는 과세한다. 9. ○ 10. ○

핵심 04 취득시기

(1) 유상승계취득

① 사실상 잔금지급일

② 신고인이 제출한 자료로 사실상의 잔금지급일을 확인할 수 없는 경우

　　㉠ 그 계약상 잔금지급일이 명시된 경우 : 계약상 잔금지급일

　　㉡ 계약상 잔금지급일이 명시되지 않은 경우 : 계약일로부터 60일이 경과한 날

③ 등기 · 등록을 먼저 한 경우 : 등기 · 등록일

> 유상승계취득의 경우 **등기 · 등록을 하지 아니하고** 다음과 같이 입증되는 경우 취득한 것으로 보지 아니한다.
> 1. 화해조서, 인낙조서(해당 조서에서 취득일로부터 60일 이내 계약이 해제된 사실이 입증되는 경우에만 해당한다)
> 2. 취득일로부터 60일 이내에 작성된 공정증서
> 3. 행정안전부령이 정하는 계약 해제신고서(취득일로부터 60일 이내에 제출된 것만 해당한다)
> 4. 부동산 거래신고 등에 관한 법령에 따른 부동산거래계약 해제 신고서(취득일로부터 60일 이내 등록관청에 제출된 경우에만 해당)

(2) 무상승계취득

① 원칙 : 계약일(상속 : 상속이 개시된 날)

　　㉠ 증여 : 취득세 : 계약일

　　㉡ 양도소득세 : 증여받은 날

② 예외 : 등기 · 등록일(계약일 전에 등기 · 등록하는 경우)

> 무상승계취득의 경우 **등기 · 등록을 하지 아니하고** 취득일이 속한 달의 말일부터 3개월 이내에 계약이 해제된 사실이 다음과 같이 입증되는 경우 취득한 것으로 보지 아니한다.
> 1. 화해조서, 인낙조서
> 2. 취득일이 속한 달의 말일부터 3개월 이내에 공증받은 공정증서
> 3. 행정안전부령으로 정하는 계약 해제 신고서(취득일이 속한 달의 말일부터 3개월 이내에 제출된 것만 해당한다)

(3) 연부취득

① 원칙 : 사실상의 연부금 지급일(등기시 일시취득으로 의제)

② 예외 : 사실상의 연부금지급일 이전에 등기 · 등록한 경우에는 등기 · 등록일
　　(중도금 지급 중 해제된 경우 : 이미 납부한 취득세는 환급하게 된다)

(4) 건축물의 원시취득

① 사용승인서(임시사용승인일 포함)를 내주는 날과 사실상 사용일 중 **빠른** 날(양도소득세
: 사용승인서 교부일)

② 도시개발법에 의한 환지처분 : 준공검사증명서를 내주는 날과 사실상 사용일 중 **빠른** 날

③ 정비사업(주택재개발사업)으로 취득한 주택 : 준공인가증을 내주는 날과 사실상 사용일
중 **빠른** 날

(5) 토지의 지목변경

사실상 변경된 날과 공부상 변경한 날 중 **빠른** 날을 취득일로 본다. 다만, 지목변경일 전에
사실상 사용하는 경우 사실상 사용일을 취득일로 본다.

(6) 매립간척에 의한 토지의 원시취득 : 공사준공 인가일

단, 공사준공 인가일 이전에 사용승낙이나 허가받거나 사실상 사용하는 경우에는 사용승낙
일·허가일 또는 사실상 사용일 중 **빠른** 날을 취득일로 본다.

(7) 주택조합의 비조합원용 토지의 취득

① 「주택법」에 따른 주택조합이 조합원에게 귀속되지 않는 토지를 취득하는 경우 : 사용
검사를 받은 날

② 도시 및 주거환경정비법에 따른 주택재건축조합이 조합원에게 귀속되지 않은 토지를
취득하는 경우 : 소유권이전고시일의 다음 날

(8) 이혼에 따른 재산분할로 인한 취득

과세물건의 등기 또는 등록일을 취득일로 한다.

(9) 점유시효취득 : 등기일 또는 등록일(양도소득세 : 점유개시일)

빈출지문

1. 유상승계취득의 경우 신고인이 제출한 자료로 사실상 잔금지급일이 확인되지 아니한 경우에는 계약상 잔금지급일을 취득시기로 본다.

2. 토지 지목변경의 경우 사실상 변경된 날과 공부상 변경 된 날 중 빠른 날을 취득일로 본다.

3. 개인 간 증여계약에 의하여 부동산을 취득한 경우에는 그 계약일부터 60일이 경과되는 날을 취득시기로 본다.

4. 상속으로 인하여 부동산을 취득한 경우에는 상속개시일에 취득한 것으로 본다.

5. 건축허가를 받지 아니하고 건축하는 건축물에 있어서는 그 사실상의 사용일에 취득한 것으로 본다.

6. 토지의 지목변경에 따른 취득은 지목변경일 이전에 그 사용 여부와 관계없이 사실상 변경된 날과 공부상 변경된 날 중 빠른 날을 취득일로 한다.

7. 부동산 도시 및 주거환경정비법에 따른 재건축조합이 재건축사업을 하면서 조합원으로부터 취득하는 토지 중 조합원에게 귀속되지 아니하는 토지를 취득하는 경우에는 같은 법에 따른 준공인가고시일의 다음 날이 납세의무 성립시기이다.

8. 사실상의 연부금 지급일 이전에 등기 또는 등록한 경우에는 그 등기 또는 등록일에 취득한 것으로 본다.

9. 민법 제839조의 2에 따른 재산분할로 인한 취득의 경우 취득물건의 등기일 또는 등록일을 취득일로 본다.

10. 무상승계 취득한 취득물건을 취득일에 등기·등록을 한 후 화해조서, 인낙조서에 의하여 취득일이 속한 달의 말일부터 3개월 이내에 계약이 해제된 사실을 입증하는 경우에는 취득한 것으로 보지 아니한다.

11. 관계 법령에 따라 매립으로 토지를 원시취득하는 경우 취득물건의 등기일을 취득일로 본다.

Answer

1. ○ 2. ○ 3. 계약일을 취득일로 본다(양도소득세는 증여를 받은 날을 취득일로 본다). 4. ○ 5. ○
6. 지목변경 전에 사용하는 경우 사실상 사용일을 취득일로 본다. 7. 소유권이전고시일의 다음 날이 납세의무 성립시기이다. 8. ○ 9. ○ 10. 등기·등록을 하지 아니하고 입증되는 경우 취득으로 보지 아니한다. 등기한 경우에는 입증여부와 관계없이 취득한 것으로 본다. 11. 공사준공인가일을 취득일로 본다.

핵심 05 | 과세표준(취득당시가액)

1. 과세표준의 기준

취득세의 과세표준은 취득당시의 가액으로 한다. 다만, 연부로 취득하는 경우 취득세의 과세표준은 연부금액(매회 사실상 지급되는 금액을 말하며, 취득금액에 포함되는 계약보증금을 포함한다)으로 한다.

2. 유상승계 취득의 경우 과세표준

① 사실상 취득가격: 부동산 등을 유상거래로 승계취득하는 경우 취득당시가액은 취득시기 이전에 해당 물건을 취득하기 위하여 거래 상대방이나 제3자에게 지급하였거나 지급하여야 할 일체의 비용으로서 대통령령으로 정하는 사실상의 취득가격(이하 "사실상 취득가격"이라 한다)으로 한다.

② 지방자치단체의 장은 특수관계인 간의 거래로 그 취득에 대한 조세부담을 부당하게 감소시키는 행위 또는 계산을 한 것으로 인정되는 경우(이하 이 장에서 "부당행위계산"이라 한다)에는 제1항에도 불구하고 시가인정액을 취득당시가액으로 결정할 수 있다.

3. 무상취득의 경우 과세표준 : 시가인정액

① 부동산 등을 무상취득하는 경우 제10조에 따른 취득 당시의 가액(이하 "취득당시가액"이라 한다)은 취득시기 현재 불특정 다수인 사이에 자유롭게 거래가 이루어지는 경우 통상적으로 성립된다고 인정되는 가액(매매사례가액, 감정가액, 공매가액 등 대통령령으로 정하는 바에 따라 시가로 인정되는 가액을 말하며, 이하 "시가인정액"이라 한다)으로 한다.

② 상속에 따른 무상취득의 경우 : 시가표준액

③ 대통령령으로 정하는 가액(시가표준액 1억원 이하) 이하의 부동산 등을 무상취득하는 경우 : 시가인정액과 시가표준액 중 납세자가 정하는 금액

④ ②와 ③에 해당하는 아니하는 경우 : 시가인정액으로 하되 시가인정액을 산정하기 어려운 경우에는 시가표준액

4. 원시취득 또는 개수의 경우 과세표준

① 사실상 취득가격으로 한다.

② 제1항에도 불구하고 법인이 아닌 자가 건축물을 건축하여 취득하는 경우로서 사실상 취득가격을 확인할 수 없는 경우의 취득당시가액은 제4조에 따른 시가표준액으로 한다.

5. 지목변경

① 그 변경으로 증가한 가액에 해당하는 사실상 취득가격으로 한다.

② 사실상 취득가격을 확인할 수 없는 경우 : 지목변경 이후의 토지에 대한 시가표준액에서 지목변경 전의 토지에 대한 시가표준액을 뺀 가액

6. 부담부증여

증여자의 채무를 인수하는 부담부증여의 경우 유상으로 취득한 것으로 보는 채무인수액에 상당하는 부분에 대해서는 유상승계취득의 과세표준을 적용하고 취득물건의 시가인정액에서 채무부분을 뺀 잔액에 대해서는 무상취득의 과세표준을 적용한다.

7. 대물변제

대물변제액(대물변제액 외에 추가로 지급한 금액이 있는 경우에는 그 금액을 포함한다). 다만, 대물변제액이 시가인정액보다 적은 경우 취득 당시가액은 시가인정액으로 한다.

8. 교 환

교환을 원인으로 이전받는 부동산등의 시가인정액과 이전하는 부동산등의 시가인정액 중 높은 금액으로 한다.

9. 양도담보

양도담보에 따른 채무액. 다만 그 채무액이 시가인정액보다 적은 경우 취득 당시가액은 시가인정액으로 한다.

▼ 과세표준 정리

구 분	과세표준
유상승계	① 사실상 취득가격 ② 특수관계인 간 부당행위 : 시가인정액
무상승계	① 증여 : 시가인정액. 단, 시가표준액 1억 이하는 시가인정액과 시가표준액 중 납세자가 선택이 가능하다. ② 상속 : 시가표준액
원시취득	① 사실상 취득가격 ② 법인이 아닌자가 건축하여 사실상 취득가격 확인× : 시가표준액
지목변경	① 증가한 가액에 해당하는 사실상 취득가격 ② 확인× : 지목변경 후 시가표준액에서 지목변경 전 시가표준액을 뺀 금액
부담부증여	① 채무액 : 유상취득 과세표준 적용 ② 채무액 이외 : 무상취득 과세표준 적용

10. 사실상 취득가격의 범위

취득시기를 기준으로 그 이전에 해당 물건을 취득하기 위해 거래 상대방 또는 제3자에게 지급하였거나 지급하여야 할 직접비용과 간접비용의 합계액으로 한다. 다만, 취득대금을 일시급 등으로 지급하여 일정액을 할인받은 경우에는 그 **할인된 금액**으로 한다.

취득가격에 포함	취득가격에 포함하지 않는 경우
① 건설자금이자 : 법인 ② 연체이자 · 할부이자 : 법인 ③ 중개보수 : 법인 ④ 채무인수액 ⑤ 채권매각차손 ⑥ 취득에 필요한 용역대가로 지급한 용역비 수수료 ⑦ 정원 또는 부속시설물 등을 조성 설치하는 비용 ⑧ 붙박이 가구, 가전제품 등 건출물에 부착하거나 일체를 이루면서 건축물의 효용을 유지 또는 증대시키기 위한 설비, 시설 등의 비용	① 부가가치세 ② 광고선전비 ③ 할인액 ④ 전기 등의 이용에 따라 지급되는 비용

▼ 취득가격의 포함 여부

구 분	포 함	
	개 인	법 인
건설자금이자	×	○
당사자 약정에 의한 취득자 조건부담액과 채무인수액	○	○
할부이자 · 연체이자	×	○
취득에 용역을 제공받은 대가로 지급하는 용역비	○	○
중개보수	×	○
광고선전비	×	×
전기 · 가스 · 열 등의 시설물을 이용에 따라 지급하는 분담금	×	×
부가가치세	×	×
취득대금을 할인받은 경우 할인액(할인받은 금액)	×	×
정원 또는 부속시설물 등을 조성 설치하는 비용	○	○

11. 부동산 등의 일괄 취득

부동산 등을 일괄 취득하여 각 과세물건의 취득당시의 가액이 구분되지 아니하는 경우 한꺼번에 취득한 가격을 각 과세 물건별 시가표준액 비율로 나눈 금액을 각각의 취득당시의 가액으로 한다.

▶ **양도소득세의 경우 기준시가 비율로 나눈다.**

▶ **안분**[금액을 안분하는 경우 금액(공시가격)을 기준으로 안분하고, 부속토지를 안분하는 경우 면적비율로 안분한다]

---

① 취득세

   ㉠ 부동산 등을 일괄하여 취득하는 경우

     부동산 등을 일괄 취득하여 각 과세물건의 취득가격이 구분되지 아니하는 경우 한꺼번에 취득한 가격을 과세물건별 시가표준액 비율로 나눈 금액을 각각의 취득가격으로 한다.

   ㉡ 같은 취득 물건이 둘 이상의 시·군에 걸쳐 있는 경우 각 시·군에 납부할 취득세를 산출할 그 과세표준은 취득 당시의 가액을 취득물건의 소재지별 시가표준액 비율로 나누어 계산한다.

② 등록면허세

   같은 등록에 관계되는 재산이 2 이상의 지방자치단체에 걸쳐 소재하고 있어 등록면허세를 지방자치단체로 부과할 수 없을 때에는 등록 관청소재지를 납세지로 한다.

③ 재산세

   ㉠ 주택과 건물의 부속토지 소유자가 다른 경우에는 당해 주택에 대한 산출세액을 건축물과 그 부속토지의 시가표준액 비율로 안분 계산한 부분에 대하여 그 소유자를 납세의무자로 본다.

   ㉡ 「건축법 시행령」에 따른 다가구주택은 1가구가 독립하여 구분사용할 수 있도록 분리된 부분은 1구의 주택으로 보며, 이 경우 그 부속토지는 건물면적의 비율에 따라 각각 나눈 면적을 1구의 부속토지로 본다.

---

12. 시가표준액의 산정방법

부동산 가격공시 등에 관한 법률에 의하여 가격이 공시되는 토지 및 주택에 대하여는 동법에 의하여 공시되는 가격을 말한다.

구 분		기준시가	시가표준액
토 지		개별공시지가	개별공시지가
주 택	단독주택	개별주택가격	개별주택가격
	공동주택	공동주택가격	공동주택가격

☑참고

① 개별주택가격이나 개별공시지가가 공시되지 아니한 경우에는 특별자치시장, 특별자치도지사, 시장, 군수, 구청장이 국토교통부장관이 제공하는 주택가격비준표, 토지가격비준표를 사용하여 산정한 가액으로 한다. 다만, 공동주택가격이 공시되지 아니한 경우에는 행정안전부령이 정하는 기준에 따라 특별자치시장, 특별자치도지사, 시장, 군수, 구청장이 산정한 가액으로 한다.

② 개별주택가격, 공동주택가격, 개별공시지가 결정 공시가 되지 않은 경우에는 직전연도 개별주택가격 공동주택가격 개별공시지가를 적용한다.

③ 토지의 시가표준액은 개별공시지가이다 : ○

빈출지문

1. 부동산을 유상승계로 취득하는 경우 사실상 취득가격을 과세표준으로 한다.

2. 부동산을 유상승계로 취득하는 경우로서 특수관계인 간의 거래로 그 취득에 대한 조세부담을 부당하게 감소시키는 행위 또는 계산을 한 것으로 인정되는 경우에는 시가표준액을 취득당시가액으로 결정할 수 있다.

3. 취득세의 과세표준은 취득 당시의 가액으로 한다. 다만, 연부로 취득하는 경우의 과세표준은 매회 사실상 지급되는 금액을 말하며, 취득금액에 포함되는 계약보증금을 포함한다.

4. 부동산 등을 상속으로 취득한 경우 시가표준액을 과세표준으로 한다.

5. 취득물건에 대한 시가표준액이 1억원 이하인 부동산 등을 무상취득(상속은 제외)하는 경우 시가인정액과 시가표준액 중 납세자가 정하는 가액을 취득당시가액으로 한다.

6. 부담부증여의 경우 유상으로 취득한 것으로 보는 채무액에 상당하는 부분(채무부담액)은 시가인정액을 한도로 한다.

7. 부동산 등을 증여로 취득한 경우에는 시가표준액을 취득 당시 가액으로 한다.

8. 토지의 지목을 사실상 변경한 경우 취득 당시 가액은 그 변경으로 증가한 가액에 해당하는 사실상 취득가격으로 한다. 다만, 법인이 아닌 자가 토지의 지목을 사실상 변경한 경우으로서 사실상 취득가격을 확인할 수 없는 경우에는 지목변경 후 시가표준액에서 지목변경 전 시가표준액을 뺀 가액으로 한다.

9. 대물변제에 따른 건축물 취득의 경우에는 대물변제액(대물변제액 외에 추가로 지급한 금액이 있는 경우에는 그 금액을 제외한다)을 취득당시가액으로 한다.

10. 건축물을 교환으로 취득하는 경우에는 교환으로 이전받는 건축물의 시가표준액과 이전하는 건축물의 시가표준액 중 낮은 가액을 취득당시가액으로 한다.

11. 법인이 아닌 자가 건축물을 건축하여 취득하는 경우로서 사실상 취득가격을 확인할 수 없는 경우에는 시가인정액을 취득당시가액으로 한다.

12. 부동산의 건설자금에 충당한 차입금의 이자는 법인의 경우에만 취득과 관련된 비용으로 취득가격에 포함한다.

13. 법인이 연부로 취득하는 경우 연부계약에 따른 이자상당액은 취득과 관련된 비용으로 취득가격에 포함한다.

14. 부가가치세는 취득가격에 포함하지 아니한다.

15. 취득대금을 일시급 등으로 지불하여 일정액을 할인받은 경우에는 그 할인받은 금액을 취득가격으로 한다.

Answer

1. ○ 2. 시가인정액을 취득가격으로 한다. 3. ○ 4. ○ 5. ○ 6. ○ 7. 시가인정액을 취득가격으로 한다. 8. ○ 9. 대물변제액(대물변제액 외에 추가로 지급한 금액이 있는 경우에는 그 금액을 포함한다) 10. 이전받는 건축물의 시가표준액과 이전하는 건축물의 시가표준액 중 높은 가액을 취득당시가액으로 한다. 11. 시가표준액을 과세표준으로 한다. 12. ○ 13. ○ 14. ○ 15. 할인된 금액을 취득가액으로 한다.

핵심 06 세 율

1. 표준세율(비례세율 : 초과누진세율은 적용하지 않는다)

① 취득세의 세율구조는 취득물건의 가액 또는 용도 등의 성격에 따라 각각 다른 세율이 적용되는 차등비례세율로서 표준세율과 중과세율로 구분된다.

② 탄력세율 : 도지사는 조례가 정하는 바에 의하여 취득세의 세율을 표준세율의 50/100 범위 안에서 가감 조정할 수 있다(중과세율에는 적용하지 않는다).

③ 같은 취득물건에 대하여 둘 이상의 세율에 해당되는 경우 그중 **높은** 세율을 적용한다.

취득원인	세 율		비 고
상속으로 인한 취득	농지	1,000분의 23	전·답·과수원 목장용지
	기타	1,000분의 28	농지 이외
증여 그 밖의 무상취득	일반	1,000분의 35	시효 취득 포함
	비영리사업자	1,000분의 28	–
	조정대상지역 내 +3억원 이상 주택)	12%	1세대 1주택자가 배우자 등에게 증여 : 3.5%
원시취득(건축·매립·간척)	일반적인 경우	1,000분의 28	면적증가
	농지 매립 간척	1,000분의 8	
공유물·합유물·총유물 분할	–	1,000분의 23	–
그 밖의 원인으로 인한 취득(법인의 합병·분할로 인한 취득을 포함한다)	농지	1,000분의 30	전·답·과수원 목장용지
	농지 외	1,000분의 40	농지 이외

☑**참고**│ 주택 유상거래(상속, 증여, 원시취득의 경우는 제외)의 경우

- 6억원 이하 주택 : 10/1,000
- 6억원 초과 ~ 9억원 이하 주택 : (취득당시가액 × 2/3억원 − 3) × 1/100
- 9억원 초과 주택 : 30/1,000

④ 단, 2주택 이상의 경우에는 다음의 세율을 적용한다.

구 분	세 율		비 고
	조정대상지역	조정대상지역 외	
1주택	1% ~ 3%		법인의 경우 주택수와 무관하게 12%
2주택	지방세법 제11조 제1항 제7호 나목의 세율을 표준세율로 하여 해당 세율에 중과기준세율의 100분의 200을 합한 세율	1% ~ 3%	
3주택	지방세법 제11조 제1항 제7호 나목의 세율을 표준세율로 하여 해당 세율에 중과기준세율의 100분의 400을 합한 세율	지방세법 제11조 제1항 제7호 나목의 세율을 표준세율로 하여 해당 세율에 중과기준세율의 100분의 200을 합한 세율	
4주택	—	지방세법 제11조 제1항 제7호 나목의 세율을 표준세율로 하여 해당 세율에 중과기준세율의 100분의 400을 합한 세율	

📝참고

- 유상, 상속, 증여 등으로 취득한 부동산이 공유물인 때에는 그 취득지분의 가액을 과세표준으로 하여 각각의 세율을 적용한다.
- 건축(신축과 재축은 제외) 또는 개수로 인하여 건축물 면적이 증가한 경우에는 그 증가된 부분에 대하여 원시취득으로 보아 표준세율을 적용한다.
- 주택을 신축 또는 증축한 이후 해당 주거용 건축물의 소유자(배우자 및 직계존비속을 포함)가 해당 주택의 부속토지를 취득하는 경우에는 주택에 대한 세율을 적용하지 아니한다.
- 주택수 판단시 분양권과 조합원입주권도 주택수에 포함한다.
- 조정대상 지역 내 2주택의 경우에도 일시적 2주택의 경우 1주택 세율을 적용한다(다만, 3년 이내 종전 주택을 처분하여야 한다).
- 중과기준세율이란 20/1,000을 말한다.

2. 중과세율(탄력세율을 적용할 수 없음)

사치성 재산 (골프장·고급오락장·선박·고급주택)	표준세율과 중과기준세율의 100분의 400을 합한 세율
과밀억제권역 내 공장의 신·증설	표준세율과 중과기준세율의 100분의 200을 합한 세율
과밀억제권역 내 법인의 본점용 부동산 취득(신·증축)	표준세율과 중과기준세율의 100분의 200을 합한 세율
대도시 내 법인의 설립·설치·전입에 따른 부동산 취득	표준세율의 100분의 300에서 중과기준세율의 100분의 200을 뺀 세율을 적용한다.
대도시 내 공장 신·증설	표준세율의 100분의 300에서 중과기준세율의 100분의 200을 뺀 세율을 적용한다.

과밀억제권역과 대도시 중과세가 중복되는 경우에는 표준세율의 3배를 적용하고 사치성 재산과 대도시 중과세가 중복되는 경우에는 표준세율의 3배에 중과기준세율의 200/100을 합한 세율을 적용한다.

(1) 사치성 재산(골 오 선 주) : (표준세율 + 8%)

① 골프장 : 회원제 골프장으로 신·증설시에 한하여 중과세가 적용되며(승계취득은 중과세 하지 않음) 골프장 내 토지와 건축물 및 토지상의 입목에 대하여 중과세한다.
▸ 골프 회원권과 대중골프장, 골프연습장과 회원제 골프장을 승계취득하는 경우 중과세하지 아니한다.

② 고급오락장 : 고급오락장용 건축물을 취득한 날로부터 60일 이내에[상속은 상속개시일이 속한 달의 말일부터 6개월(외국에 주소가 있으면 9개월) 실종은 실종선고일이 속한 달의 말일부터 6개월 이내] 고급오락장이 아닌 용도로 사용하거나 고급오락장이 아닌 용도로 사용하기 위하여 용도변경공사를 착공하는 경우를 제외한다.

③ 고급선박 : 비업무용 자가용 선박으로 시가표준액이 3억원을 초과하는 선박

④ 고급주택

구 분	면 적	가 액
단독주택	건물연면적 331m²(주차장면적 제외) 초과	시가표준액 9억원 초과
	대지면적 662m² 초과	시가표준액 9억원 초과
	엘리베이터(200kg 이하 소형 엘리베이터 제외/시가표준액 6억원 이하 주택 제외), 에스컬레이터, 67m² 이상의 수영장 중 1개 이상이 설치된 경우	금액과 관계없다.
공동주택	• 단층형 : 전용면적 245m²(공용면적 제외) 초과 • 복층형 : 전용면적 274m²(공용면적 제외) 초과 　(단, 한 층의 면적이 245m²를 초과하는 것은 제외)	시가표준액 9억원 초과

☑참고

1. 주거용 건축물을 취득한 날로부터 60일 이내에[상속은 상속 개시일이 속한달의 말일로부터 6개월(외국에 주소가 있으면 9개월) 실종은 실종선고일이 속한 달의 말일부터 6개월 이내] 주거용이 아닌 용도로 사용하거나 고급주택이 아닌 용도로 사용하기 위하여 용도변경 공사에 착공한 경우에는 제외
2. 고급오락장·고급주택의 경우 부속 토지 경계가 명확하지 아니한 경우에는 건축물 바닥면적의 10배를 부속토지로 한다.

☑참고 **고급주택과 고가주택**

1. **고가주택(국세의 경우에만 적용)**
   ① 양도소득세(실지거래가액이 12억원 초과)
     ㉠ 원칙적으로 비과세를 적용하지 않는다.
     ㉡ 장기보유특별공제(최대 80%)
   ② 부동산임대소득(기준시가 12억원 초과 : 과세기간 종료일 또는 양도일 현재 기준)
     고가주택의 경우 비과세를 적용하지 아니한다.
2. **고급주택(지방세의 경우에만 적용)**
   ① 고급주택(취득세 : 표준세율에 중과기준세율의 100분의 400을 합한 세율로 중과세)
   ② 재산세의 경우 고급주택은 중과세하지 않고 일반 주택의 세율(누진세율)을 적용한다.
   ③ 고급주택 취득 후 60일 이내(상속은 예외) 고급주택이 아닌 용도로 사용하거나 용도변경공사 착공시 중과세를 적용하지 않는다.

(2) 과밀억제권역 내 공장의 신·증설 : 표준세율과 중과기준세율의 100분의 200을 합한 세율

　▸ 재산세의 경우 공장 건축물에 대해서 표준세율의 100분의 500을 5년간 중과세한다.

중과세 대상	① 토지, 건축물 : 신설·증설시 ② 차량, 기계장비 : 신·증설 후 5년 이내 취득
중과세 대상지역	수도권정비계획법에 의한 과밀억제권역 내(단, 산업단지, 공업지역, 공장유치지역은 중과세 제외)
신·증설의 범위 (복지후생시설, 대피시설, 무기고, 탄약고 등 제외)	① 신설 : 생산설비를 갖춘 연면적 500m² 이상의 공장 건축물 ② 증설 : 건축물 연면적 20% 이상 또는 330m² 초과하여 증설
중과세대상에서 제외되는 경우	① 도시형 업종 ② 공장의 포괄적 승계취득 ③ 공장의 업종변경 ④ 당해 과밀억제권역 내에서 공장 이전(단, 서울 외의 지역에서 서울로의 이전과 타인 공장을 임차 경영하던 자가 공장 신설일로부터 2년 이내에 공장의 이전은 제외) ⑤ 부동산을 취득한 날로부터 5년 경과 후 공장의 신·증설

📝참고

- 과밀억제권역 내 공업지역에서 500m² 이상으로 신설하는 경우 중과세한다 : ×
- 취득세는 과밀억제권역 공장 신·증설은 토지, 건축물, 차량, 기계장비를 대도시 공장 신·증설의 경우는 토지, 건축물을 재산세는 건축물이 중과세 대상이다.

(3) 과밀억제권역 내 법인의 본점 또는 주사무소용 부동산의 취득(영리, 비영리법인 모두 포함)

　① 본점 또는 주사무소의 사업용 부동산 취득(지점, 분사무소는 제외)

　② 사업용 부동산의 신축, 증축하는 경우에 한함(승계취득은 중과세대상이 아님)

　　▸ 과밀억제권역 내 법인의 지점용 부동산을 신축하는 경우 중과세한다 : ×

(4) 대도시 내 법인의 설립·설치·전입에 따른 부동산 취득 : 표준세율의 300/100에서 중과기준세율의 200/100을 뺀 세율

　① 대도시 내 법인 설립시 부동산 취득 : 설립·설치·전입에 직접사용하기 위하여 취득하는 사업용 부동산에 한하여 중과세한다.

　② 대도시 내 법인 설립 후 부동산 취득 : 설립·설치·전입 후 5년 이내 취득하는 부동산은 업무용, 비업무용, 사업용, 비사업용을 불문하고 모두 중과세한다.

(5) 대도시 내 공장 신·증설 : 표준세율의 300/100에서 중과기준세율의 200/100을 뺀 세율

3. 취득세 세율의 특례

(구)취득세	(구)등록세	(현)취득세
비과세	비과세	비과세
과세	과세	표준세율
비과세	과세	표준세율 − 중과기준세율
과세	비과세	중과기준세율

(1) 표준세율에서 중과기준세율을 뺀 세율(등기를 해야 하는 경우)

① 환매 등기를 병행하는 부동산의 매매로 환매기간 내 매도자가 환매한 경우의 그 매도자와 매수자의 취득

② 상속으로 인한 1가구 1주택과 감면대상 농지 취득

③ 법인의 합병으로 인한 취득

④ 공유물, 합유물의 분할 또는 공유권 해소를 위한 지분이전으로 인한 취득

⑤ 건축물의 이전(가액증가 없는 경우. 단, 가액이 증가하면 표준세율 적용)

⑥ 민법상 협의 이혼, 재산분할청구, 재판상 이혼에 의한 재산분할로 취득

⑦ 그 밖의 형식적인 취득 등 대통령령으로 정하는 취득

구 분	이혼으로 인한 위자료	재산분할로 인한 위자료
취득세	표준세율	표준세율 − 중과기준세율
양도소득세	양도로 본다.	양도로 보지 않는다.

(2) 다음 각 호의 하나에 해당하는 취득에 대한 취득세는 중과기준세율을 적용하여 계산한 금액을 그 세액으로 한다(등기는 하지 않는 경우).

① 개수로 인한 취득

② 선박, 차량, 기계장비의 종류변경 및 토지의 지목변경으로 가액증가

  ▶ 지목변경 : 가액증가 ⇨ 취득세, 변경등기 ⇨ 등록면허세

③ 과점주주의 취득

④ 외국인 소유의 취득세 과세물건(차량, 기계장비, 선박, 항공기에 한한다)을 임차하여 수입하는 경우(연부로 취득하는 경우로 한정)

⑤ 대여시설 이용자 명의로 시설대여업자가 차량 등을 취득하는 경우

⑥ 무덤과 이에 접속된 부속시설물의 부지로 사용되는 토지로서 지적공부상 지목이 묘지인 토지의 취득

  ▶ 등록면허세와 재산세는 비과세한다.

⑦ 임시흥행장 등 존속기간이 1년을 초과하는 임시건축물의 취득

⑧ 택지공사가 준공된 토지에 건축물을 건축하거나 또는 건축물에 접속된 정원 부속시설물을 설치함으로써 해당 토지의 가액이 증가하는 경우 지목변경으로 본다.

4. 중과세율의 적용

① 토지·건축물 취득 후 5년 이내 당해 토지 건축물이 골프장·고급오락장·고급주택이 되거나 과밀억제권역 내 공장의 신설, 증설이나 법인의 본점, 주사무소 사업용 부동산이 된 경우에는 중과세율을 적용하여 취득세를 추징한다.

② 고급주택·골프장 또는 고급오락장용 건축물의 증축·개축 또는 개수한 경우와 일반 건축물을 증축·개축 또는 개수하여 고급주택 또는 고급오락장이 된 경우에는 그 **증가되는 건축물의 가액**에 대하여 중과세율을 적용하여 취득세를 추징한다.

③ 공장 신설 또는 증설의 경우 사업용 과세물건의 소유자와 공장을 신·증설한 자가 다를 때에는 그 사업용 과세물건의 소유자가 공장을 신설 또는 증설한 것으로 보아 중과세한다.

빈출지문

1. 지방자치단체장은 조례로 정하는 바에 따라 취득세 표준세율의 100분의 50 범위에서 가감할 수 있다.

2. 동일한 취득물건에 대하여 2 이상의 세율이 해당되는 경우 취득세 세율은 그중 낮은 세율을 적용한다.

3. 유상거래를 원인으로 취득당시의 가액이 6억원인 주택의 경우에는 1,000분의 10(1%)의 세율을 적용한다.

4. 건축(신축·재축 제외)으로 인하여 건축물 면적이 증가할 때에는 그 증가된 부분에 대하여 원시취득으로 보아 해당 세율을 적용한다.

5. 부동산을 상호 교환하여 소유권이전 등기를 하는 것은 무상승계 취득에 해당하는 세율을 적용한다.

6. 농지 외 부동산을 매매로 취득하는 경우에는 1,000분의 30의 세율을 적용한다.

7. 환매등기를 병행하는 부동산의 매매로서 환매기간 내에 매도자가 환매한 경우의 그 매도자와 매수자의 취득에 대한 취득세는 표준세율에 중과기준세율(100분의 200)을 합한 세율로 산출한 금액으로 한다.

8. 지방세법상 농지를 상호 교환하여 소유권이전 등기를 할 때 적용하는 취득세 표준세율은 1천분의 30이다(법령이 정하는 비영리사업자가 아님).

9. 존속기간이 1년을 초과하는 임시건축물의 경우 중과기준세율을 적용한다.

10. 사회복지사업법에 따라 설립된 사회복지법인이 독지가의 기부에 의하여 건물을 취득한 경우 28/1,000의 세율을 적용한다.

11. 등기부등본상 본인 지분을 초과하지 않는 공유물 분할로 인한 취득은 표준세율에서 중과기준세율을 뺀 세율을 적용한다.

12. 상속으로 인한 취득 중 법령으로 정하는 1가구 1주택 및 그 부속토지의 취득은 형식상 취득으로서 표준세율에서 중과기준세율을 뺀 특례세율을 적용한다.

13. 「민법」에 따른 재산분할로 인한 취득은 형식상 취득으로서 표준세율에서 중과기준세율을 뺀 특례세율을 적용한다.

14. 지방세법상 취득세액을 계산할 때 중과기준세율만을 적용하는 경우를 모두 고르시오. (단, 취득세 중과물건이 아님)

> ㉠ 개수로 인하여 건축물 면적이 증가하는 경우 그 증가한 가액
> ㉡ 토지의 지목을 사실상 변경함으로써 그 가액이 증가한 경우
> ㉢ 법인설립 후 유상 증자시에 주식을 취득하여 최초로 과점주주가 된 경우
> ㉣ 상속으로 농지를 취득한 경우

15. 회원제골프장용 부동산 중 구분등록의 대상이 되는 토지와 건축물에 대한 취득세 세율과 과밀억제권역 내의 법인 본점 또는 주사무소(신·증축에 한함)의 사업용 부동산에 대한 취득세 세율은 동일하다.

16. 주택을 신축 또는 증축한 이후 해당 주거용 건축물의 소유자(배우자 및 직계존비속을 포함한다)가 해당 주택의 부속토지를 유상 취득하는 경우 주택 유상거래 세율을 적용하지 아니한다.

17. 법인이 합병 또는 분할로 인하여 부동산을 유상으로 취득하는 경우 유상승계 취득세율을 적용한다.

18. 유상, 상속, 증여 등으로 취득하는 부동산이 공유물일 때에는 그 취득지분의 가액을 과세표준으로 하여 각각의 해당 세율을 적용한다.

Answer

1. ○ 2. 높은 세율을 적용한다. 3. ○ 4. ○ 5. 교환은 유상승계 취득의 세율을 적용한다. 6. 농지는 1,000분의 30을 농지 외 부동산은 1,000분의 40의 세율을 적용한다. 7. 표준세율에서 중과기준세율을 뺀 세율을 적용한다. 8. ○ 9. ○ 10. ○ 11. ○ 12. ○ 13. ○ 14. ㉡, ㉢. 개수로 인하여 면적이 증가하면 증가한 부분은 원시취득의 세율(1,000분의 28)을 적용하고 상속으로 인하여 농지를 취득하는 경우 1,000분의 23의 세율을 적용한다. 15. 회원제골프장용 부동산 중 구분등록의 대상이 되는 토지와 건축물에 대한 취득세 세율은 표준세율에 중과기준세율의 100분의 400을 합한 세율을 적용하고, 과밀억제권역 내의 법인 본점 또는 주사무소(신·증축에 한함)의 사업용 부동산에 대한 취득세 세율은 표준세율에 중과기준세율의 100분의 200을 합한 세율을 적용한다. 16. ○ 17. ○ 18. ○

핵심 07 부과·징수

(1) 신고·납부(가산세가 부과되는 경우에는 보통징수)

① 일반적인 납세절차

구 분		신고·납부
일반적인 경우		취득일로부터 60일 이내
상 속	국내주소	상속개시일이 속한 **달의 말일**부터 6개월 이내
	국외주소	상속개시일이 속한 **달의 말일**부터 9개월 이내
증여(부담부증여 포함)		취득일이 속한 **달의 말일**로부터 3개월 이내
허가 전에 대금을 완납한 경우		허가일이나 허가구역지정해제일 또는 축소일로부터 60일 이내
법정신고기한 내에 **등기하거나 또는 등록을 하려는 경우**		등기 또는 등록신청서를 등기·등록관서에 접수하는 날까지
추가신고 ·납부	비과세 감면배제	사유발생일로부터 산출세액에서 이미 납부한 금액(**가산세는 제외**)을 공제한 금액 60일 이내
	취득 후 중과세	중과세 대상이 된 날로부터 산출세액에서 이미 납부한 금액(**가산세는 제외**)을 공제한 금액 60일 이내

② 국가 지방자치단체 지방자치단조합이 취득세 과세물건을 매각(연부로 매각한 것을 포함한다)하면 매각일부터 **30일 이내**에 대통령령으로 정하는 바에 따라 그 물건 소재지를 관할하는 지방자치단체의 장에게 통보하거나 신고하여야 한다.

③ 미납부통지

등기 또는 등록관서의 장은 등기 또는 등록 후에 취득세가 납부되지 아니하였거나 납부부족액을 발견하였을 때에는 다음 달 10일까지 납세지를 관할하는 시장·군수·구청장에게 통보하여야 한다.

▼ 취득세 날짜 비교

10일	등기·등록관서의 장은 취득세가 납부되지 아니하였거나 납부부족액을 발견하였을 때에는 다음 달 10일까지 납세지 관할하는 시장·군수에게 통보하여야 한다.
30일	국가 등이 취득세 과세물건을 매각한 경우 매각일로부터 30일 이내에 물건 소재지 관할 지방자치단체에게 통보하거나 신고하여야 한다.
60일	위 10일, 30일을 제외한 경우 모두 60일

(2) 가산세(보통징수)

① 신고불성실가산세

㉠ 일반 무신고가산세 : 20%

㉡ 일반 과소신고가산세 : 10%

㉢ 부당 무(과소)신고가산세 : 40%

② 납부지연가산세 : 납부기한 경과 후 하루 경과시마다 1일 22/100,000(0.022%)

(3) 중가산세 : 산출세액의 80%(보통징수) : 취득세에만 적용

취득 후 법정신고 기한 내 신고하지 않고 매각하는 경우. 단, 다음의 경우 제외

① 취득세 과세물건 중 등기 또는 등록을 필요로 하지 아니하는 과세물건

▸ 단, 골프 회원권, 콘도미니엄 회원권 및 종합체육시설 이용권 등은 제외

② 지목변경, 차량, 건설기계 또는 선박의 종류변경 및 과점주주의 주식취득 등 취득으로 간주되는 과세물건

(4) 법인의 장부 등 작성과 보존의무 불이행시

산출세액 또는 부족세액의 100분의 10에 해당하는 금액을 가산하여 징수

(5) 시가인정액으로 신고한 후 지방자치단체의 장이 세액을 경정하기 전에 시가인정액을 수정신고한 경우에는 과소신고가산세를 부과하지 아니한다.

(6) 기한 후 신고 : 신고불성실가산세(무신고가산세만 해당/신고만 하면 경감)

① 지방자치단체의 장이 과세표준과 세액을 결정할 것을 미리 알고 기한 후 신고서를 제출하는 경우에는 제외한다.

② 신고기한까지 신고하지 않은 경우 지방자치단체장이 과세표준과 세액을 결정하여 통지하기 전에 신고하는 경우(과세권자는 3개월 이내 결정해서 통지)

> ㉠ 1개월 이내 : 100분의 50 경감
>
> ㉡ 1개월 초과 3개월 이내 : 100분의 30 경감
>
> ㉢ 3개월 초과 6개월 이내 : 100분의 20 경감

(7) 면세점

① 취득가액(취득세액이 아님, 연부취득은 연부금 총액)이 50만원 이하인 경우

② 취득일로부터 1년 이내 인접한 부동산을 취득한 경우 1건의 취득으로 보아 면세점 여부 판단

취득세(면세점)	㉠ 취득가액이 50만원 이하 ㉡ 연부취득은 연부금총액을 기준으로 면세점 판단
등록면허세	세액이 6,000원 미만이면 6,000원을 그 세액으로 한다.
재산세(소액징수면제)	2,000원 미만이면 징수하지 않는다.

(8) 부가세

① 취득세 납부세액(표준세율을 2% 적용한 세액) × 농어촌특별세 10%

② 취득세 감면세액 × 농어촌특별세 20%

③ 지방교육세: 표준세율에서 1천분의 20을 뺀 세율을 적용하여 산출한 금액의 100분의 20

④ 주택 유상거래 취득의 경우 해당 세율에 100분의 50을 곱한 세율을 적용하여 산출한 금액의 100분의 20

(9) 납세지

① 물건의 소재지 관할 특별시, 광역시, 도·단, 도세 징수위임규정에 따라 시장·군수·구청장이 징수한다.

② 같은 취득 물건이 둘 이상의 시, 군에 걸쳐 있는 경우 각 시, 군에 납부할 취득세를 산출할 때 그 과세표준은 취득 당시의 가액을 취득물건의 소재지별 시가표준액 비율로 나누어 계산한다.

③ 납세지가 분명하지 아니한 경우에는 해당 취득 물건의 소재지를 그 납세지로 한다.

> ㉠ 등록면허세: 부동산 등기는 부동산 소재지이다. 이 경우 같은 등록에 관계되는 재산이 둘 이상의 지방자치단체에 걸쳐 있어 등록면허세를 지방자치단체별로 부과할 수 없을 때에는 등록관청 소재지를 납세지로 한다.
> ㉡ 재산세: 부동산 소재지
> ㉢ 종합부동산세: 소득세법 규정을 준용
> ㉣ 소득세
>   ⓐ 거주자의 소득세 납세지는 그 주소지로 한다. 다만, 주소지가 없는 경우에는 그 거소지로 한다.
>   ⓑ 비거주자의 소득세 납세지는 국내사업장의 소재지로 한다. 국내사업장이 없는 경우에는 국내원천소득이 발생하는 장소로 한다.

❤ 취득세와 등록면허세 비교

구 분		취득세	등록면허세
과세주체		특별시, 광역시, 도세	도세 및 구세
납세의무성립시기		과세물건을 취득하는 때	등기 또는 등록을 하는 때
납세의무 확정시기	원 칙	신고하는 때	신고하는 때
	예외 (신고×)	과세권자가 결정하는 때	과세권자가 결정하는 때
과세표준		취득당시가액	등기·등록 당시가액
세 율		표준세율	표준세율
납세의무자		사실상 취득하는 자	등록을 하는 자(명의자)
신고·납부기간		60일 이내(3개월/6개월/9개월)	등기·등록하기 전까지
추가신고·납부기간		60일 이내	60일 이내
중가산세		있음	없음
면세점		취득가액 50만원 이하	없음
최저세액		없음	6,000원 미만이면 6,000원
부가세		농어촌특별세, 지방교육세	지방교육세

1. 취득세가 경감된 과세물건이 추징대상이 된 때에는 그 사유발생일부터 60일 이내에 그 산출세액에서 이미 납부한 세액(가산세 포함)을 공제한 세액을 신고·납부하여야 한다.

2. 토지의 지목변경에 따라 사실상 그 가액이 증가된 경우, 그 지목변경일로부터 신고기한 이내에 취득세를 신고하지 않고 매각하더라도 취득세 증가산세 규정은 적용되지 아니한다.

3. 「지방세법」의 규정에 의하여 기한 후 신고를 한 경우, 납부지연가산세의 100분의 50을 경감한다.

4. 취득세의 기한 후 신고는 법정신고기한까지 신고한 경우에 한하여 할 수 있다.

5. 취득세 신고기한까지 신고하지 아니한 자는 신고기한 만료일부터 30일을 경과하지 아니한 경우로서 당해 취득세 과세표준과 세액을 결정하여 통지하기 전에 신고한 경우에는 신고불성실가산세 100분의 50을 경감할 수 있다.

6. 취득세와 등록면허세는 소액징수면제 제도가 적용되지 아니한다.

7. 유상취득시(농지 제외) 취득세의 표준세율은 4%이며, 취득가액이 50만원 이하인 경우에는 취득세를 부과하지 않는다.

8. 상속으로 인하여 취득세 과세물건을 취득한 자는 상속개시일이 속하는 달의 말일부터 6개월(납세자가 외국에 주소를 둔 경우에는 9개월)이내에 취득세를 신고·납부하여야 한다.

9. 증여에 의하여 부동산을 취득한 경우는 취득일이 속한 달의 말일부터 3개월 이내에 산출한 세액을 신고하고 납부하여야 한다.

10. 취득세 납세의무자가 취득세 과세물건을 사실상 취득한 후 신고를 하지 아니하고 매각하는 경우에는 산출세액의 100분의 50을 가산한 금액을 세액으로 하여 보통징수 방법으로 징수한다.

11. 토지를 취득한 자가 그 취득한 날부터 1년 이내에 그에 인접한 토지를 취득한 경우에는 그 전후의 취득에 관한 토지의 취득을 1건의 토지 취득으로 보아 면세점을 적용한다.

12. 재산권을 공부에 등기하려는 경우에는 등록관청에 등기 또는 등록신청서를 접수하는 날까지 취득세를 신고하고 납부하여야 한다.

13. 지방자치단체의 장은 취득세 납세의무가 있는 법인이 장부 등의 작성과 보존의무를 이행하지 아니한 경우에는 산출된 세액 또는 부족세액의 100분의 10에 상당하는 금액을 징수하여야 할 세액에 가산한다.

14. 취득세 납세지가 분명하지 아니한 경우에는 해당 취득물건의 소유자의 주소지를 그 납세지로 한다.

Answer

1. 가산세는 포함하지 아니한다. 2. ○ 3. 신고불성실 가산세를 감면한다. 4. 법정신고기한 내 신고하지 아니한 경우 신고기한 지나고 일정기한 내 기한 후 신고를 할 수 있다. 5. 1개월 이내: 100분의 50 경감 / 1개월 초과 3개월 이내: 100분의 30 경감 / 3개월 초과 6개월 이내: 100분의 20 경감 6. ○ 7. ○ 8. ○ 9. ○ 10. 100분의 80을 가산하여 보통징수한다. 11. ○ 12. ○ 13. ○ 14. 부동산 소재지를 납세지로 한다.

Chapter 02 등록면허세

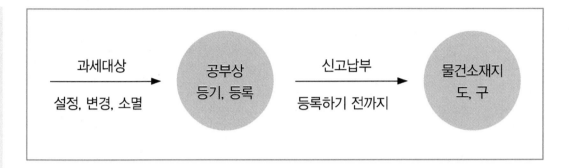

핵심 01 정의 및 과세대상

(1) 등록면허세의 정의

등록이란 재산권 기타 권리의 설정·변경·소멸에 관한 사항을 공부에 등기하거나 등록하는 경우를 말한다. 다만, 취득을 원인으로 이루어지는 등기 또는 등록은 제외하되, 다음의 어느 하나에 해당하는 등기나 등록을 포함한다.

① 광업권 및 어업권, 양식업권의 취득에 따른 등록

② 외국인 소유의 취득세 과세물건(차량, 기계장비, 선박, 항공기만 해당)의 연부취득에 따른 등기 또는 등록

③ 취득세 부과제척기간이 경과한 후 해당 물건에 대한 등기 또는 등록

④ 취득세 면세점에 해당하는 물건의 등기 또는 등록

(2) 등록면허세의 특징

① 재산권 등을 등기하거나 등록하는 때 납세의무가 성립하고 신고하는 때 납세의무가 확정된다.

② 등록면허세는 도세, 구세에 해당한다.

③ 등록면허세액이 6천원 미만이면 6천원을 그 세액으로 한다.

④ 형식주의

⑤ 수수료적 성격

⑥ 등록면허세를 신고를 하지 아니한 경우라도 등록을 하기 전까지 납부를 한 경우에는 신고하고 납부한 것으로 본다(신고불성실가산세를 부과하지 아니한다).

⑦ 등기·등록 후 무효나 말소가 된 경우에도 과오납으로 환급하지 아니한다.

(3) 형식주의 과세

법률상 형식적 요건을 구비한 등기·등록을 받는 명의상 권리자가 납세의무를 부담한다.

▶ 무효 또는 취소로 등기·등록이 말소되는 경우에도 이미 납부한 등록면허세는 과오납으로 환급할 수 없다.

핵심 02 | 비과세

① 국가 등이 자기를 위하여 받는 등록 또는 면허(단, 외국 정부에 대하여 상호주의 적용)

② 회사의 정리 또는 특별청산에 관하여 법원의 촉탁으로 인한 등록

③ 지목이 묘지인 토지(무덤과 이에 접속된 부속시설물 부지로 사용되는 토지로서 지적공부 상 지목이 묘지인 토지에 관한 등기)

④ 행정구역변경, 주민등록번호의 변경 지적소관청의 지번변경 등 등록, 변경

⑤ 면허의 단순한 표시변경 등 등록면허세의 과세가 적합하지 아니한 것

핵심 03 | 납세의무자

등기·등록을 받는 명의자(등기권리자)인 외관상의 권리. 즉, 사실상의 권리자라 하더라도 등기·등록을 받지 않는 경우에는 등록면허세 납세의무가 없으며 사실상의 권리자가 아니더라도 등기·등록을 받는 경우에는 그 명의자가 납세의무를 부담한다.

(1) 등기별 납세의무자

① 소유권 이전등기 : 매수인

② 전세권 설정등기 : 전세권자인 임차인

③ 저당권 설정등기 : 채권자인 은행 등

④ 채권자 대위등기

　　㉠ 甲 소유의 미등기 건물에 대하여 乙이 채권확보를 위해 대위권을 행사하여 甲 건물의 소유권 보존등기를 한 경우 등록면허세 납세의무는 甲에게 있다.

　　㉡ 채권자대위자는 납세의무자를 대위하여 부동산의 등기에 대한 등록면허세를 신고·납부할 수 있다.

　　㉢ 이 경우 채권자대위자는 행정안전부령으로 정하는 바에 따라 납부확인서를 발급받을 수 있다.

　　㉣ 지방자치단체의 장은 ㉡에 따른 채권자대위자의 신고가 있는 경우 납세의무자에게 그 사실을 즉시 통보하여야 한다.

(2) 납세지

① 부동산 등기 : 부동산 소재지

② 같은 등록에 관계되는 재산이 2 이상의 지방자치단체에 걸쳐 소재하고 있어 등록면허세를 지방자치단체로 부과할 수 없을 때에는 등록관청 소재지에서 부과한다.

③ 같은 채권의 담보를 위하여 설정하는 2 이상의 저당권의 등록에 있어서는 이를 하나의 등록으로 보아 그 등기·등록에 관계되는 재산을 처음 등록하는 등록관청 소재지에서 부과한다.

④ 납세지가 불분명한 경우에는 등기 또는 등록관청 소재지를 납세지로 한다.

핵심 04 과세표준(등기·등록당시가액)

(1) 부동산 가액 : 소유권, 지상권

① 과세표준은 조례로 정하는 바에 따라 등록자의 신고에 따른다. 다만, 신고가 없거나 신고가액이 제4조에 따른 시가표준액보다 **적은 경우**에는 시가표준액을 과세표준으로 한다.

② 다만, 취득을 원인으로 하는 등록의 경우 취득당시가액을 과세표준으로 한다.

　　㉠ 등록 당시에 자산재평가 또는 감가상각 등의 사유로 그 가액이 달라진 경우에는 변경된 가액을 과세표준으로 한다.

　　㉡ 자산재평가 또는 감가상각 등의 사유로 변경된 가액을 과세표준으로 할 경우에는 등기일 또는 등록일 현재의 법인장부 또는 결산서 등으로 증명되는 가액을 과세표준으로 한다.

　　㉢ 제척기간이 경과한 물건의 등록의 경우 등록당시가액과 취득당시가액 중 높은 금액으로 한다.

③ 등록면허세 신고서상 금액과 공부상의 금액이 다른 경우에는 공부상의 금액을 과세표준으로 한다.

(2) 채권금액 : 가압류, 가처분, 저당권설정, 경매신청

　① 일정한 채권금액이 있는 경우 : 채권금액

　② 일정한 채권금액이 없는 경우 : 채권의 목적이 된 금액 또는 처분의 제한의 목적이 된 금액(채권최고액)

(3) 건수에 의한 과세표준(종량세) : 하, 지, 말, 구

　① 토지의 합병등기, 지목변경등기, 말소등기, 건축물의 구조변경 등기

　② 매 1건을 과세표준으로 함(정액세) : 매 1건당 6,000원

　　▸ 지목변경 : 가액이 증가된 경우 중과기준세율로 취득세를 과세하고 지목변경에 대하여 변경등기 1건당 6,000원 등록면허세를 부과한다.

(4) 기 타

　① 전세권 : 전세금액

　② 지역권 : 요역지가액

　③ 임차권 : 월임대차금액

　④ 가등기 : 부동산가액 또는 채권금액

핵심 05 세 율

(1) 부동산 등기의 세율

구 분		과세표준	세 율	비 고
보존등기		부동산가액	1,000분의 8	
이전 등기	상 속	부동산가액	1,000분의 8	
	증여 등 무상	부동산가액	1,000분의 15	① 주택 유상거래의 경우 해당 주택의 취득세율에 100분의 50을 곱한 세율을 적용한다.
	유 상	부동산가액	1,000분의 20	
지역권설정 및 이전		요역지가액	1,000분의 2	
전세권설정 및 이전		전세금액	1,000분의 2	② 6,000원 미만 경우에는 그 세액을 6,000원으로 한다.
임차권설정 및 이전		월 임대차금액	1,000분의 2	
가압류, 가처분, 경매신청, 저당권		채권금액	1,000분의 2	
지상권		부동산가액	1,000분의 2	
가등기		부동산가액 또는 채권금액	—	
합필등기, 지목변경, 말소등기, 건물구조변경		매 1건당	6,000원	—

✔주의 세율 적용시 주의사항

① 부동산 등기의 세율은 도지사가 조례로 정하는 바에 의하여 표준세율의 50/100 범위 안에서 가감·조정할 수 있다.

② 최저세액 : 세액이 6,000원 미만인 때에는 6,000원으로 한다.

(2) 중과세율(표준세율의 300/100 중과세)

☙ 대도시 내 법인의 등기

중과세 대상	• 법인(영리·비영리법인 모두 포함)의 설립등기 • 지점 분사무소 설치에 따른 법인등기 • 대도시 밖에서 안으로 본점 주사무소 전입등기
중과세 제외 대상	• 은행업, 의료업, 할부금융업 등 대도시 중과 제외 업종 • 대도시 중과 제외 업종으로 법인등기를 한 법인이 정당한 사유 없이 그 등기일부터 2년 이내 대도시 중과 제외 업종 외의 업종으로 변경하거나 대도시 중과 제외 업종 외의 업종을 추가하는 경우 그 해당 부분에 대하여는 중과세율을 적용

핵심 06 ┃ 부과 · 징수

(1) 징수와 납부

① 원칙: 등록하기 전까지 신고 및 납부

② 예외: 60일 이내 신고 및 납부(취득세와 동일)

㉠ 등기 또는 등록 후 중과세 대상이 된 경우

㉡ 비과세 또는 감면 적용 후 추징대상이 된 경우

③ 신고를 하지 않은 경우에도 등록면허세 산출세액을 등기 · 등록 전까지 납부한 때에는 신고를 하고 납부한 것으로 본다.

⇨ 신고불성실 가산세를 적용하지 않는다.

▸ ③번 특례 규정은 등록면허세에만 적용하고 취득세에는 적용하지 않는다.

④ 등기 · 등록관서의 장은 등기 또는 등록 후에 등록면허세가 납부되지 아니하였거나 납부부족액을 발견한 경우에는 다음 달 10일까지 납세지를 관할하는 시장 · 군수 · 구청장에게 통보하여야 한다.

(2) 가산세(중가산세 없음)

① 신고불성실가산세

㉠ 일반 무신고가산세: 20%

㉡ 일반 과소신고가산세: 10%

㉢ 부당 무(과소)신고가산세: 40%

② 납부지연가산세: 1일 0.022%(75/100 한도)

(3) 부가세

① 지방교육세: 등록면허세의 20%

② 농어촌특별세: 등록면허세 감면세액의 20%

빈출지문

1. 등록면허세는 재산권 기타 권리의 설정·변경 또는 소멸에 관한 사항을 공부에 등기 또는 등록(등재 포함)하는 경우에 그 등록을 받는 자가 납세의무자가 된다.

2. 갑(甲) 소유의 미등기 건물에 대하여 채권자인 을(乙)이 채권확보를 위하여 법원의 판결을 받아 갑(甲)의 명의로 등기할 경우 등록면허세 납세의무는 갑(甲)에게 있다.

3. 취득세 부과제척기간이 경과한 주택의 등기나 취득가액이 50만원 이하인 차량의 등록의 경우에는 등록면허세를 부과한다.

4. 등기 또는 등록이 된 후 무효 또는 취소로 등기·등록이 말소되는 경우에도 이미 납부한 등록면허세는 과오납으로 환급할 수 없다.

5. 등록을 하려는 자가 법정신고기한까지 등록면허세 산출세액을 신고하지 아니한 경우로서 등록을 하기 전까지 그 산출세액을 납부한 때에도 지방세기본법에 따른 무신고가산세가 부과된다.

6. 취득세 제척기간이 경과한 물건의 등기 등록의 경우 등록당시가액과 취득당시가액 중 높은 금액을 과세표준으로 한다.

7. 부동산의 등록에 대한 등록면허세의 과세표준은 등록자가 신고한 당시의 가액으로 하고 신고가 없거나 신고가액이 시가표준액보다 많은 경우에는 시가표준액으로 한다.

8. 채권금액에 의해 과세액을 정하는 경우에 일정한 채권금액이 없을 때에는 채권의 목적이 된 것 또는 처분의 제한의 목적이 된 금액을 그 채권금액으로 본다.

9. 법인이 국가로부터 취득한 부동산은 등기 당시에 자산재평가의 사유로 가액이 증가한 것이 그 법인장부로 입증되더라도 재평가 전의 가액을 등록면허세 과세표준으로 한다.

10. 신고가액이 시가표준액보다 적은 경우에는 등기 등록당시의 시가표준액을 과세표준으로 한다.

11. 전세권 설정등기를 말소하는 경우 전세금액을 과세표준으로 한다.

12. 가등기, 가압류, 가처분, 경매신청, 저당권의 설정 중에서 지방세법상 등록면허세 과세표준을 부동산가액을 과세표준으로 할 수 있는 것은 가등기이다.

13. 부동산 등기에 대한 등록면허세의 세율은 지방자치단체의 조례에 의하여 표준세율의 100분의 50의 범위 내에서 가감할 수 있다.

14. 상속으로 인한 소유권 이전 등기의 세율은 부동산 가액의 1천분의 15로 한다.

15. 대도시 밖에 있는 법인의 본점이나 주사무소를 대도시로 전입함에 따른 등기는 법인등기에 대한 세율의 100분의 200을 적용한다.

16. 부동산 소재지와 부동산 소유자의 주소지가 서로 다른 경우 등록면허세 납세지는 소유자의 주소지로 한다.

17. 부동산 등기에 대한 등록면허세의 납세지는 부동산 소재지이나 그 납세지가 분명하지 아니한 경우에는 등록관청 소재지로 한다.

18. 부동산을 등기하려는 자는 과세표준에 세율을 적용하여 산출한 세액을 등기를 하기전까지 납세지를 관할하는 지방자치단체의 장에게 신고·납부하여야 한다.

19. 등록면허세 신고금액과 공부상 금액이 다를 경우에는 공부상 금액을 과세표준으로 한다.

20. 부동산등기에 대한 등록면허세로서 세액이 6천원 미만인 경우, 해당 등록면허세를 징수하지 아니한다.

21. 무덤과 이에 접속된 부속시설물의 부지로 사용되는 토지로서 지적공부상 지목이 묘지인 토지에 관한 등기에 대하여는 등록면허세를 부과하지 아니한다.

22. 지방세의 체납으로 인하여 압류의 등기를 한 재산에 대하여 압류해제의 등기를 할 경우 등록면허세가 비과세된다.

23. 등록면허세의 경우 채권자 대위자는 납세의무자를 대위하여 부동산의 등기에 대한 등록면허세를 신고·납부할 수 있다. 이 경우 채권자 대위자는 행정안전부령이 정하는 바에 따라 납부확인서를 발급받을 수 있다.

Answer

1. ○ 2. ○ 3. ○ 4. ○ 5. 등록을 하려는 자가 법정신고기한까지 등록면허세 산출세액을 신고하지 아니한 경우로서 등록을 하기 전까지 그 산출세액을 납부를 하면 무신고가산세를 부과하지 아니한다. 6. ○ 7. 신고가액이 시가표준액보다 적은 경우에는 시가표준액으로 한다. 8. ○ 9. 등록당시 자산재평가나 감가상각으로 가액이 변경된 경우 그 변경된 가액을 과세표준으로 한다. 10. ○ 11. 말소등기는 건수를 과세표준으로 한다. 12. ○ 13. ○ 14. 1천분의 8을 적용한다. 15. 100분의 300을 적용한다. 16. 부동산 소재지와 주소지가 다른 경우에는 부동산소재지를 납세지로 한다. 17. ○ 18. ○ 19. ○ 20. 6,000원 미만이면 6,000을 그 세액으로 한다. 21. ○ 22. ○ 23. ○

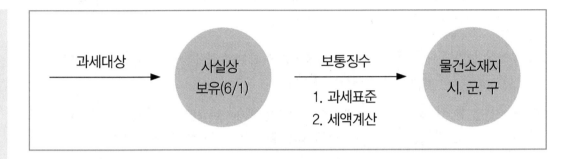

과세대상 → 사실상 보유(6/1) → 보통징수 1. 과세표준 2. 세액계산 → 물건소재지 시, 군, 구

핵심 01 | 의의 및 과세대상

1. 재산세의 의의와 성격

(1) 재산세의 의의

시·군 내 소재하는 토지·건축물·주택,·선박 및 항공기의 보유에 대하여 그 소유자에게 매년 부과하는 지방세

(2) 재산세의 특징

① 물건소재지 관할 시장·군수·구청장이 과세하는 시·군세이다.

② 현황부과의 원칙(재산세 과세대상 물건이 토지대장 건축물대장 등 공부상에 등재되지 않았거나 공부상 등재현황과 사실상 현황이 다른 경우 사실상 현황에 따라 부과한다. 단, 공부상 등재현황과 달리 이용함으로써 재산세 부담이 낮아지는 경우 등 대통령령이 정하는 경우는 공부상 등재현황에 따라 부과한다)

  ㉠ 관계 법령에 따라 허가 등을 받아야 함에도 불구하고 허가 등을 받지 않고 재산세의 과세대상 물건을 이용하는 경우로서 사실상 현황에 따라 재산세를 부과하면 오히려 재산세 부담이 낮아지는 경우

  ㉡ 재산세 과세기준일 현재의 사용이 일시적으로 공부상 등재현황과 달리 사용하는 것으로 인정되는 경우

③ 보통세, 보유세, 물세, 종가세, 차등비례세율과 초과누진세율(별도, 종합, 주택)

④ 보통징수 방법으로 징수한다.

⑤ 물납(1,000만원 초과시), 분납(250만원 초과시 3개월 이내)

⑥ 물세(개별과세. 단, 토지분 재산세는 합산과세)

⑦ 소액 징수 면제(고지서 1매당 2,000원 미만), 세부담상한

⑧ 과세기준일에 납세의무가 성립하고 과세권자가 결정하는 때 확정된다.

2. 과세대상(공부상 등재현황과 사실상 현황이 상이한 경우 사실상 현황에 의해 재산세를 부과한다)

구 분	과세방법	세율구조	비 고
토 지	등록대상 토지와 사실상 모든 토지(주택 부속토지 제외)	• 초과누진(별도, 종합) • 비례세율(분리과세)	합산과세(분리 제외)
건축물	주택용 건축물 제외	비례세율	개별과세
주 택	건물과 토지를 합산하여 과세	초과누진세율	개별과세
선 박	—	비례세율	개별과세
항공기	—	비례세율	개별과세

(1) **토지**(주택의 부수토지 제외)

공간정보의 구축 및 관리 등에 관한 법률에 의하여 지적공부의 등록대상이 되는 토지와 그 밖에 사용되고 있는 사실상의 토지를 말한다.

(2) **주택**(토지와 건축물의 범위에는 주택은 제외, 고급주택의 개념이 없다)

① 겸용주택

㉠ 1구가 겸용되는 경우 : 주거용으로 사용되는 면적이 전체의 100분의 50 이상인 경우 건물 전부를 주택으로 본다.

㉡ 1동이 겸용되는 경우 : 면적과 무관하게 주택 부분만 주택으로 본다.

▶ **1구의 건물이 주거와 주거 이외 부분 면적이 동일한 경우 전체를 주택으로 본다 : ○**

☑참고 양도소득세(단, 고가주택의 경우 면적과 관계없이 주택 부분만 주택을 본다)

구 분	건 물	부수토지
주택면적 > 주택 외의 면적	전부를 주택으로 본다.	전부를 주택의 부수토지로 본다.
주택면적 ≤ 주택 외의 면적	주택만 주택으로 본다.	주택부분만 부수토지로 본다.

② 다가구 주택 : 1가구가 독립하여 구분사용 할 수 있도록 분리된 부분을 1구의 주택으로 본다. 이 경우 그 부속토지는 건물면적의 비율에 따라 각각 나눈 면적을 1구의 부속토지로 본다.

재산세	1가구가 독립하여 구분사용할 수 있도록 구획된 부분은 1구의 주택으로 본다.
종합부동산세	1주택으로 본다.
소득세(임대)	1개의 주택으로 보되, 구분 등기된 경우에는 각각을 1개의 주택으로 계산한다.
양도소득세	구획된 부분별로 양도하지 아니하고 하나의 매매단위로 양도하는 경우에는 그 전체를 하나의 주택으로 본다.

③ 주택의 부속토지 경계가 불분명한 경우 그 주택 바닥면적의 **10배**를 부속토지로 본다.

④ 건축물에서 허가를 받지 아니하거나 사용승인을 받지 아니하고 주거용으로 사용하는 면적이 전체 건축물 면적의 100분의 50 이상인 경우에는 그 건축물 전체를 주택으로 보지 아니하고 그 부속토지는 종합합산과세대상 토지로 본다.

(3) 건축물(주택 제외)

건축법 규정에 의한 건축물과 토지에 정착하거나 지하 또는 다른 구조물에 설치하는 부수시설물을 말한다. 부속토지는 별도의 토지분 재산세가 과세된다.

(4) 선 박

(5) 항공기

3. 재산세와 종합부동산세 과세대상 비교

재산세				종합부동산세
과세대상			세 율	
토 지	분 리	고 율	비례세율(4%)	×
		저 율	비례세율(0.07%/0.2%)	
	합 산	별 도	초과누진세율(0.2%~0.4%)	○
		종 합	초과누진세율(0.2%~0.5%)	
건축물			비례세율(0.25% / 0.5%)	×
주 택			초과누진세율(0.1%~0.4%)	○
선 박			비례세율(0.3%)	×
항공기			비례세율(0.3%)	×

핵심 02 | 토지의 구분

> 1. 분리과세대상 토지 : 생산성 있는 토지, 사치성 토지
>   (1) 저율분리과세대상(0.7/1,000)
>   ① 농지(전, 답, 과수원), 목장용지, 임야
>   ② 공장, 주택, 산업공급용 토지(2/1,000)
>   (2) 고율분리과세대상(40/1,000) : 골프장 및 고급오락장의 토지
> 2. 별도합산과세대상 : 업무용, 사업용 토지
>   일반 영업용(상가, 사무실 등) 건축물의 부속 토지
> 3. 종합합산과세대상 : 비사업용 토지
>   분리과세대상과 별도합산과세대상을 제외한 토지

1. 분리과세대상 토지

(1) 저율분리과세대상 토지

① 농지(전 · 답 · 과수원) : 0.7/1,000

   ㉠ 개인소유 자경농지 : 과세기준일 현재 실제 영농에 사용되고 있는 농지

지 역			과세대상
군 지역			분리과세대상
시 지역	도시 지역 밖		
	도시 지역 내	개발제한구역, 녹지 지역 내	분리과세대상
		위 이외 지역(주, 상, 공 지역)	종합합산과세대상

☑ 주의

1. 재촌 자경하지 아니하는 경우에도 영농에 직접 사용되는 경우에는 분리과세대상이며 영농에 직접 사용하지 않는 경우에는 종합합산과세대상이다.
2. 공부상 지목에 관계없이 사실상의 영농에 이용되는 전, 답, 과수원을 말한다.

☑ 참고

- 도시 지역 내 주거지역 내 농지는 종합합산대상이다 : ○
- 군 지역 주거지역 내 농지는 종합합산대상이다 : × ⇨ 군 지역은 용도지역에 관계없이 분리과세대상이다.

ⓒ 법인 소유 및 단체 소유 농지

구 분	과세대상
원 칙	종합합산과세대상(2/1,000 ~ 5/1,000)
예외 (분리과세대상 : 0.07%)	ⓐ 농업법인이 소유하는 농지 ⓑ 한국농어촌공사가 농가에 농지를 공급하기 위하여 소유하고 있는 농지 ⓒ 사회복지사업가가 복지시설에 소비용에 공하기 위하여 소유하는 농지 ⓓ 매립 간척에 의하여 농지를 취득한 법인이 과세기준일 현재 직접 경작하는 농지 ⓔ 종중 소유 농지

② 목장용지 : 기준면적 이내 목장용지(개인, 법인) : 0.7/1,000

지역			과세대상
군 지역 + 기준면적 이내			분리과세대상
시 지역	도시지역 밖 + 기준면적 이내		분리과세대상
	도시지역 내	개발제한구역, 녹지지역 내 + 기준면적 이내	분리과세대상
		개발제한구역, 녹지지역 이외 지역	종합합산과세대상

▸ 기준면적을 초과하는 목장용지는 종합합산과세대상이 된다.

③ 임야(공익 보호용) : 특정 목적에 사용되는 경우
  ㉠ 종중소유임야(1990년 5월 31일 이전부터 소유하는 임야)
  ㉡ 개발제한구역 내 임야
  ㉢ 자연환경지구 내 임야
  ㉣ 제한보호구역 내 임야 등
  ㉤ 문화유산의 보존 및 활용에 관한 법률에 따른 보호구역 안의 임야
  ㉥ 상수원보호구역 내 임야

④ 공장용지(기준면적 이내) : 2/1,000

지역		과세대상
군 지역		분리과세대상
시 지역	공업 지역, 산업단지	분리과세대상
	주거 지역, 상업 지역 등	별도합산과세대상

▸ 기준면적 초과 공장용지 : 기준면적을 초과하는 공장용지는 종합합산과세

⑤ 주택용, 산업용 보유 토지 : 2/1,000

　　㉠ 한국토지주택공사가 주택, 토지를 분양 또는 임대할 목적으로 소유하고 있는 토지

　　㉡ 과세기준일 현재 염전으로 사용하고 있거나 염전으로 사용하다 사용 폐지한 토지

　　㉢ 부동산 투자회사가 목적사업에 사용하기 위하여 소유하고 있는 토지

　　㉣ 주택건설 사업자가 소유하고 있는 토지

　　㉤ 여객자동차 및 물류터미널용 토지

(2) 고율분리과세(40/1,000)

① 골프장용 토지 : 회원제 골프장용 토지

② 고급오락장용 토지 : 고급오락장으로 사용되는 건축물의 부속 토지를 말한다.

2. 별도합산과세대상 토지

(1) 일반 건축물 부속 토지

① 기준면적 이내 : 별도합산과세대상

② 기준면적 초과 : 종합합산과세대상

(2) 영업용 토지(건축물이 없는 경우에도 별도합산하는 경우)

① 자동차 운전학원용 토지

② 법인묘지용 토지로서 지적공부상 지목이 묘지인 토지

③ 체육시설의 설치 이용에 관한 법률 시행령에 따른 스키장 및 골프장용 토지 중 원형이 보전되는 임야

④ 회원제 골프장용 토지의 임야 중 원형이 보전되는 임야

⑤ 도로교통법에 따라 견인된 차의 보관용 토지로서 같은 법에서 정하는 시설을 갖춘 토지

⑥ 주차장 시행령 제6조에 따른 부설주차장 설치기준면적 이내의 토지

⑦ 과세기준일 현재 건축물 또는 주택이 사실상 철거 멸실된 날로부터 6개월이 지나지 아니한 건축물 또는 주택의 부속 토지

⑧ 재산세가 비과세되거나 면제되는 토지와 재산세가 경감되는 토지 중 경감비율에 해당하는 토지는 별도합산대상에서 제외한다.

(3) 주거지역 등 소재 공장용 건축물 부속 토지(기준면적 이내)

3. 종합합산과세대상(나, 잡, 초, 2% 미달, 무허가 등)

① 기준면적 초과 토지 : 목장용지, 공장용지, 영업용건축물 부속 토지

② 법인소유 농지(분리과세 대상인 법인소유 농지를 제외한 모든 농지)

③ 실제 영농에 사용하지 않는 농지

④ 무허가 건축물 부속 토지

⑤ 건축물의 시가표준액이 토지의 시가표준액의 100분의 2에 미달하는 건축물의 부속 토지 중 그 건축물의 바닥면적을 제외한 부속 토지

⑥ 나대지, 잡종지

⑦ 사용승인받지 않고 사용 중인 건축물의 부속 토지

📝참고 │ 토지의 구분(빈출 지문)

---

1. 면적초과는 종합합산(0.2 ~ 0.5%)
2. 나, 잡, 초, 2/100 미달, 무허가 건축물 부속 토지 : 종합(0.2 ~ 0.5%)
3. 염전, 여객자동차터미널 및 물류터미널용 토지(0.2%), 종중소유농지, 임야 : 분리과세(0.07%)
4. 자동차운전학원용 토지 : 별도합산(0.2 ~ 0.4%)
5. 고급오락장, 골프장용 토지 : 분리과세(4%)
6. 시 지역 이상 주거지역 등 공장용지 : 별도합산(0.2 ~ 0.4%)
7. 회원제 골프장이 아닌 골프장용 토지 중 원형이 보전되는 임야 : 별도(0.2 ~ 0.4%)
8. ~~~ 차고용 토지 : 별도합산(0.2 ~ 0.4%)

빈출지문

1. 재산세 과세대상인 토지의 정의는 종합부동산세 과세대상 토지의 정의와 다르다.

2. 재산세의 과세대상인 주택은 부속토지를 제외한 주거용 건축물을 말한다.

3. 재산세는 토지·건축물·주택·선박·항공기를 과세대상으로 한다.

4. 재산세 과세대상 토지란 공간정보의 구축 및 관리 등에 관한 법률에 따라 지적공부의 등록대상이 되는 토지와 그 밖에 사용되는 있는 사실상의 토지를 말한다.

5. 건축물에서 허가를 받지 아니하거나 사용승인을 받지 아니하고 주거용으로 사용하는 면적이 전체 건축물 면적의 100분의 50 이상인 경우에는 그 건축물 전체를 주택으로 보지 아니하고 그 부속토지는 종합합산대상 토지로 본다.

6. 체육시설의 설치·이용에 관한 법률의 규정에 의한 회원제 골프장용 부동산 중 구분등록의 대상이 되는 토지는 분리과세대상이다.

7. 공업지역 내 건축물의 부속토지로서 입지기준면적 이내의 토지는 분리과세대상이다.

8. 지방세법상 토지에 대한 재산세를 부과함에 있어서 별도합산과세대상 토지를 모두 고르시오.

> ㉠ 1990년 5월 31일 이전부터 종중이 소유하고 있는 임야
> ㉡ 「체육시설의 설치·이용에 관한 법률 시행령」에 따른 회원제 골프장이 아닌 골프장용 토지 중 원형이 보전되는 임야
> ㉢ 과세기준일 현재 계속 염전으로 실제 사용하고 있는 토지
> ㉣ 「도로교통법」에 따라 등록된 자동차운전학원의 자동차운전학원용 토지로서 같은 법에서 정하는 시설을 갖춘 구역 안의 토지

9. 여객자동차터미널용 토지, 고급오락장용 토지는 재산세 별도합산대상 토지이다.

10. 건축법 등의 규정에 따라 허가 등을 받아야 할 건축물(공장용 제외)로서 허가 등을 받지 아니한 건축물의 부속토지는 종합합산과세대상이다.

11. 건축물(공장용 제외)의 시가표준액이 해당 부속토지 시가표준액의 100분의 2에 미달하는 건축물의 부속토지 중 그 건축물의 바닥면적을 제외한 부속토지는 종합합산대상이다.

12. 재산세의 과세대상 물건이 공부상 등재현황과 사실상이 현황이 다른 경우에는 공부상 등재현황에 따라 재산세를 부과한다.

13. 주택의 부속토지의 경계가 명백하지 아니한 경우 그 주택의 바닥면적의 10배에 해당하는 토지를 주택의 부속토지로 한다.

Answer

1. 정의는 동일하고 과세범위는 다르다. 2. 재산세 과세대상 주택은 부속토지를 포함한다. 3. ○ 4. ○
5. ○ 6. ○ 7. 건축물 부속토지로 기준면적 이내는 별도합산과세대상이다. 8. ㉠, ㉢: 분리과세
㉡, ㉣: 별도합산 9. 분리과세 대상이다. 10. ○ 11. ○ 12. 공부상 등재현황과 사실상의 현황이 다른 경우에는 사실상 등재 현황에 따라 재산세를 부과한다. 13. ○

핵심 03 · 과세권자와 납세의무자

(1) 과세권자(시장·군수·구청장·특별자치도지사·특별자치시장)

과세권자		물건 소재지 관할 시장·군수·구청장
납세지	토 지	토지소재지 관할 시·군·구
	건축물	건축물 소재지 관할 시·군·구
	주 택	주택 소재지 관할 시·군·구
	선 박	선적항 소재지 관할 시·군·구. 다만, 선적항이 없는 경우 정계장 소재지를 관할하는 시·군·구
	항공기	정치장 소재지

(2) 납세의무자

① 원칙 : 과세기준일 현재 사실상 소유자

  ▸ 과세기준일 현재 양도·양수된 경우 양수인을 당해 연도 납세의무자로 본다.

② 예 외

납세의무자	사 유
지분권자	공유재산(지분의 표시가 없는 경우에는 균등한 것으로 본다) ▸ 주택의 건물과 부속토지 소유자가 다른 경우에는 당해 주택에 대한 산출세액을 건축물과 그 부속토지의 시가표준액 비율로 안분 계산한 부분에 대하여 그 소유자
공부상의 소유자	• 매매 등의 사유로 권리에 변동이 생긴 경우로서 변동 사실을 신고하지 아니하여 사실상의 소유자를 알 수 없는 경우 • 개인 명의로 등재된 사실상 종중소유 토지로 종중소유임을 신고하지 않은 경우
주된 상속자	상속이 개시된 재산으로 상속등기가 이행되지 아니하고 사실상 소유자를 신고하지 않은 경우
매수계약자	국가, 지자체(지자체 조합)와 연부로 매매계약을 체결하고 그 재산의 사용권을 무상으로 부여받은 경우 ▸ 국가 지방자치단체 및 지방자치단체 조합이 선수금을 받아 조성하는 매매용 토지로서 사실상 조성이 완료된 토지의 사용권을 무상으로 부여 받은 자가 있는 경우에는 사용권을 무상으로 받은 자

위탁자	신탁법에 의하여 수탁자 명의로 등기·등록된 신탁재산. 신탁재산의 위탁자가 재산세 등을 체납한 경우로서 그 위탁자의 다른 재산세 대하여 체납처분을 하여도 징수할 금액에 미치지 못 할 때에는 해당 신탁재산의 수탁자는 그 신탁재산으로써 위탁자의 재산세 등을 납부할 의무가 있다.
사업시행자	도시개발사업과 도시 및 주거환경정비법에 의한 정비사업 등의 시행으로 인하여 발생한 체비지와 보류지
사용자	소유권의 귀속이 불분명하여 소유자를 알 수 없을 때
수입하는 자	외국인 소유의 항공기 또는 선박을 수입하는 경우
공부상 소유자	「채무자 회생 및 파산에 관한 법률」에 따른 파산선고 이후 파산종결의 결정까지 파산재단에 속하는 재산의 경우

▸ 주된상속자 : 지분이 가장 높은 자 가장 높은 자가 2 이상인 경우 그중 연장자
▸ 신탁재산의 경우 위탁자가 신탁 재산을 소유한 것으로 본다.

③ 신고의무

과세기준일로부터 15일 이내 신고. 단, 신고하지 않은 경우에도 가산세는 부과되지 않는다.

㉠ 재산의 소유권 변동사유가 발생하였으나 과세기준일까지 그 등기가 되지 아니한 재산의 공부상 소유자
㉡ 상속이 개시된 재산으로 상속등기가 되지 아니한 경우 주된 상속자
㉢ 사실상 종중재산으로 공부상 개인 명의로 등재되어 있는 재산의 공부상 소유자
㉣ 신탁법에 따라 수탁자 명의로 등기된 신탁재산의 수탁자
㉤ 1세대가 둘 이상의 주택을 소유하고 있음에도 불구하고 1세대 1주택 특례세율을 적용받으려는 경우에 그 세대원
㉥ 공부상 등재현황과 사실상의 현황이 다르거나 사실상의 현황이 변경된 경우 해당 재산의 사실상 소유자

(3) 미신고 및 불성실 신고

신고가 사실과 일치하지 아니하거나 신고가 없는 경우에는 시장, 군수가 이를 직권으로 조사하여 과세대장에 등재할 수 있다(직권 등기할 수는 없다).

빈출지문

1. 재산세 납세의무자인지의 해당 여부를 판단하는 기준 시점은 재산세 과세기준일 현재로 한다.

2. 재산세 과세대상 재산의 사용자를 그 재산에 대한 재산세 납세의무자로 하는 경우가 있다.

3. 재산세 과세대상 재산을 여러 사람이 공유하는 경우, 관할 지방자치단체가 지정하는 공유자 중 1인을 납세의무자로 본다.

4. 주택의 건물과 부속토지의 소유자가 다를 경우 그 주택에 대한 산출세액을 건축물과 그 부속토지의 면적 비율로 안분계산한 부분에 대하여 그 소유자를 납세의무자로 본다.

5. 국가와 재산세 과세대상 재산을 연부로 매수계약을 체결하고 그 재산의 사용권을 무상으로 받은 경우 매도계약자가 재산세를 납부할 의무가 있다.

6. 공부상에 개인 등의 명의로 등재되어 있는 사실상의 종중재산으로서 종중소유임을 신고하지 아니한 경우 종중을 납세의무자로 본다.

7. 상속이 개시된 재산으로서 상속등기가 이행되지 아니하고 사실상의 소유자를 신고하지 아니하였을 경우 「민법」상 상속지분이 가장 높은 상속자(상속지분이 가장 높은 상속자가 두 명 이상인 경우에는 그중 연장자)자가 납세의무자이다.

8. 「신탁법」에 따라 수탁자 명의로 등기·등록된 신탁재산의 경우로서 위탁자별로 구분된 재산은 수탁자가 납세의무자이다.

9. 국가가 선수금을 받아 조성하는 매매용 토지로서 사실상 조성이 완료된 토지의 사용권을 무상으로 받은 경우 그 사용권을 무상으로 받은 자가 납세의무자이다.

10. 「도시개발법」에 따라 시행하는 환지방식에 의한 도시개발사업 및 「도시 및 주거환경정비법」에 따른 주택재개발사업의 시행에 따른 환지계획에서 일정한 토지를 환지로 정하지 아니하고 체비지로 정한 경우 사업시행자가 납세의무자이다.

11. 공부상의 소유자가 매매 등의 사유로 소유권이 변동되었는데도 신고하지 아니하여 사실상의 소유자를 알 수 없을 때에는 공부상 소유자가 납세의무자이다.

12. 5월 31일에 재산세 과세대상 재산의 매매잔금을 수령하고 소유권이전등기를 한 매도인은 재산세 납세의무가 없다.

13. 환지계획에서 일정한 토지를 환지로 정하지 아니하고 체비지로 정한 경우 종전 토지소유자가 재산세 납세의무자이다.

14. 수탁자 명의로 등기·등록된 신탁재산의 수탁자는 과세기준일부터 15일 이내에 그 소재지를 관할하는 지방자치단체의 장에게 그 사실을 알 수 있는 증거자료를 갖추어 신고하여야 한다.

Answer

1. ○ 2. ○ 3. 지분에 따른 지분권자를 납세의무자로 한다. 4. 토지와 건축물의 시가표준액으로 안분한다. 5. 매수계약자가 납세의무자이다. 6. 신고하면 종중이 납세의무자이고 신고하지 않은 경우 공부상 소유자가 납세의무자이다. 7. ○ 8. 위탁자가 납세의무자이다. 9. ○ 10. ○ 11. ○ 12. ○ 13. 사업시행자가 납세의무자이다. 14. ○

핵심 04 | 과세표준 및 세율

1. 과세표준

(1) 원칙 : 과세기준일 현재 시가표준액(개인, 법인 무관, 시가표준액 적용)

① 토지와 건축물(50% - 90%)

과세기준일 현재 시가표준액 × 공정시장가액비율(70%)

② 주택(40% - 80%) : 과세기준일 현재 시가표준액 × 공정시장가액비율(60%)

다만, 1세대 1주택은 100분의 30부터 100분의 70까지

㉠ 3억원 이하 : 43/100

㉡ 3억원 초과 ~ 6억원 이하 : 44/100

㉢ 6억원 초과 : 45/100

③ 주택에 대한 과세표준 상한액

위 ②에 따라 산정한 과세표준에 공정시장가액비율을 곱하여 산정한 주택의 과세표준이 다음 계산식에 따른 과세표준 상한액보다 큰 경우에는 해당 주택의 과세표준은 과세표준 상한액으로 한다.

㉠ 과세표준 상한액

직전연도 해당주택의 과세표준상당액 + (과세기준일 당시 시가표준액으로 산정한 과세표준 × 과세표준 상한율)

㉡ 과세표준 상한율

0에서 100분의 5 범위 이내 대통령령이 정하는 비율

☑참고
- 재산세 과세표준은 시가표준액에 공정시장가액비율을 곱한 금액이다. : ✕
- 토지의 과세표준은 시가표준액이다. : ✕
- 토지 건축물 주택이 나오는 경우에만 공정시장가액비율을 곱한다. : ○
- 개인의 경우 시가표준액을 법인의 경우 법인장부가액을 과세표준으로 한다. : ✕

2. 세 율

(1) 탄력세율의 적용

시장·군수는 특별한 재정수요나 재해 등의 발생으로 재산세 세율 조정이 필요하다고 인정되는 경우 조례가 정하는 바에 의하여 재산세의 세율을 표준세율의 100분의 50 범위 내에서 가감 조정할 수 있다.

▸ 다만, 가감 조정한 세율은 당해 연도에 한하여 적용한다.

▸ 가감한 세율을 적용한 세액이 1세대 1주택에 대한 주택 특례 세율을 적용한 세액보다 적은 경우에는 1세대 1주택에 대한 주택 세율 특례를 적용하지 아니한다.

▸ 지방세특례제한법에도 불구하고 동일한 주택이 1세대 1주택에 대한 주택 세율 특례와 지방세특례제한법에 따른 재산세 경감 규정의 적용 대상이 되는 경우에는 중복하여 적용하지 아니하고 둘 중 경감 효과가 큰 것 하나만을 적용한다.

과세대상			세 율
토 지	종합합산과세대상		2/1,000~5/1,000 3단계 초과 누진세율
	별도합산과세대상		2/1,000~4/1,000 3단계 초과 누진세율
	분리과세대상	농지, 목장용지, 임야	0.7/1,000 비례세율
		골프장, 고급오락장용 토지	40/1,000
		기타 토지	2/1,000
건축물	골프장, 고급오락장용 건축물		40/1,000
	시 지역의 주거지역 등 공장용 건축물		5/1,000
	기타 건축물		2.5/1,000
주 택	주택(고급주택 포함)		1/1,000~4/1,000 4단계 초과 누진세율
	1세대 1주택(9억원 이하 주택)		0.5/1,000~3.5/1,000
선 박	고급선박		50/1,000
	고급선박 외 선박		3/1,000
항공기			3/1,000

📝참고 세율 적용시 1세대 1주택 해당 여부를 판단할 때 신탁법에 따라 신탁된 주택은 위탁자의 주택 수에 포함한다.

(2) 중과세율

① 과밀억제권역 내 공장(도시형 업종 제외)의 신설과 증설 : 최초 과세기준일로부터 5년간 표준세율(0.25%)의 100분의 500에 해당하는 세율

▸ 중과세 대상이 되는 신설 증설된 공장을 5년 이내 승계취득한 경우에는 납세의무도 승계취득한 것이 므로 승계취득자가 나머지 기간에 대하여 납세의무를 부담하여야 한다,

② 시지역의 주거지역 내 공장(도시형 업종 포함) 건축물 : 1,000분의 5(2배), 기간제한이 없다(5년간 중과세한다 : ×).

❤ 과밀억제권역 내 공장의 신설과 증설 비교

세 목	세 율	중과세대상
취득세	중과기준세율(1,000분의 20)의 100분의 200을 표준세율에 합한 세율	토지, 건축물, 신·증설 후 5년 이내 취득하는 차량과 기계장비
재산세	표준세율의 5배(5년간)	건축물

(3) 주택에 대한 재산세 과세방법

① 주택은 주거용으로 건축된 건물로서 주거용으로만 사용되고 있는 주택법상 주택을 말하 므로 이에 대한 주택분 재산세는 주택의 토지와 건물을 합산하여 과세한다.

② 고급주택의 중과세 적용은 없다(주택은 초과누진세율을 적용).

③ 주택의 부속토지의 경계가 명백하지 아니한 때에는 그 주택의 바닥면적의 10배에 해당하 는 토지를 주택의 부속토지로 본다.

④ 주택을 2인 이상이 공동으로 소유하거나 토지와 건물의 소유자가 다른 경우에는 당해 주 택의 토지와 건물의 가액을 **합산한** 과세표준액에 초과누진세율을 적용한다.

⑤ 다가구 주택 : 1가구가 독립하여 구분사용할 수 있도록 분리된 부분을 1구의 주택으로 본다.

⑥ 동일 시·군에 2 이상의 주택을 소유한 경우에도 주택별로 각각의 과세표준에 초과누진 세율을 적용한다.

빈출지문

1. 건축물의 재산세 과세표준은 거래가격 등을 고려하여 시장·군수·구청장이 결정한 가액으로 한다.

2. 토지의 재산세 과세표준은 개별공시지가로 한다.

3. 주택의 과세표준은 법령에 따라 산정한 주택분 재산세 과세표준에 공정시장가액비율을 곱하여 산정한 주택의 과세표준이 법령에 따른 과세표준 상한액보다 큰 경우에는 해당 주택의 과세표준은 과세표준 상한액으로 한다.

4. 토지의 재산세 과세표준은 법인의 경우 법인장부에 의해 증명되는 가격으로 한다.

5. 지방자치단체의 장은 세율조정이 불가피하다고 인정되는 경우 조례로 정하는 바에 따라 표준세율의 100분의 50의 범위에서 가감할 수 있으며, 가감한 세율은 5년간 적용한다.

6. 「건축법 시행령」에 따른 다가구주택은 1가구가 독립하여 구분사용할 수 있도록 분리된 부분은 1구의 주택으로 보며, 이 경우 그 부속토지는 건물면적의 비율에 따라 각각 나눈 면적을 1구의 부속토지로 본다.

7. 고급주택은 1천분의 40, 그 밖의 주택은 누진세율을 적용한다.

8. 토지와 건물의 구분소유자가 다른 주택에 대해 세율을 적용할 때 해당 주택의 토지와 건물의 가액을 소유자별로 구분 계산한 과세표준에 해당 세율을 적용한다.

9. 납세의무자가 해당 지방자치단체 관할구역에 소유하고 있는 종합합산과세대상 토지의 가액을 모두 합한 금액을 과세표준으로 하여 종합합산과세대상의 세율을 적용한다.

10. 납세의무자가 해당 지방자치단체 관할구역에 2개 이상의 주택을 소유하고 있는 경우 그 주택의 가액을 모두 합한 금액을 과세표준으로 하여 주택의 세율을 적용한다.

11. 재산세 과세표준을 시가표준액에 공정시장가액비율을 곱하여 산정할 수 있는 대상은 토지와 주택에 한한다.

12. 과세대상인 건물을 구분함에 있어서 1구의 건물이 주거와 주거 외의 용도에 겸용되는 경우, 주거용으로 사용되는 면적이 전체의 100분의 50 이상인 경우에는 주택으로 본다.

13. 고급오락장용 건축물의 재산세는 그 가액의 1,000분의 50의 표준세율이 적용된다.

14. 별도합산대상토지와 종합합산대상토지 그리고 주택의 경우 표준세율이 초과누진세율로 되어 있다.

15. 재산세의 세율은 과세대상별로 각각 다르게 규정하고 있으며 초과누진세율과 비례세율 구조로 되어 있다.

16. 주택의 경우 재산세 산출세액은 지방세법령에 따라 계산한 직전 연도 해당 재산에 대한 재산세액 상당액의 100분의 150에 해당하는 금액을 한도로 한다.

Answer

1. 시가표준액에 공정시장가액비율(70%)을 곱한 금액으로 한다. 2. 개별공시지가에 공정시장가액비율(70%)을 곱한 금액으로 한다. 3. ○ 4. 토지의 경우 개인, 법인 모두 시가표준액에 공정시장가액비율을 곱한 금액을 과세표준으로 한다. 5. 가감 조정한 세율은 당해 연도에 한하여 적용한다. 6. ○ 7. 고급주택의 경우 중과세하지 아니하고 일반주택과 동일하게 초과누진세율을 적용한다. 8. 토지 건물의 가액을 합한 금액을 과세표준으로 하여 해당 세율을 적용한다. 9. ○ 10. 주택은 합산하지 않고 주택별로 각각의 과세표준에 세율을 적용한다. 11. 토지, 건축물, 주택의 경우 시가표준액에 공정시장가액비율을 곱하여 산정한다. 12. ○ 13. 고급오락장용 건축물은 1,000분의 40의 세율을 적용한다. 14. ○ 15. ○ 16. 2024년부터 주택분 세부담상한은 폐지되었다.

핵심 05 **비과세**

(1) 국가 등에 대한 비과세

① 국가·지방자치단체(조합)·외국정부가 소유하는 재산
  ㉠ 대한민국 정부기관의 재산에 과세하는 외국정부의 재산 : 과세
  ㉡ 매수계약자에 납세의무가 있는 재산 : 과세

② 국가, 지방자치단체 등이 1년 이상 공용 또는 공공용으로 사용(1년 이상 사용할 것이 계약서 등에 의해 입증되는 경우를 포함한다)하는 재산
  ▸ 단, 무료로 사용시 비과세, 유료로 사용시에는 과세한다. 소유권의 유상이전을 약정한 경우로서 그 재산을 취득하기 전에 미리 사용하는 경우는 과세

(2) 용도구분에 의한 비과세

① 대통령령이 정하는 도로(도로의 부속물 중 도로관리시설, 휴게시설, 주유소, 충전소, 교통·관광안내소 등을 제외함), 하천, 제방, 구거, 유지, 사적지 및 묘지
  ▸ 일반인의 자유로운 통행을 위하여 제공할 목적으로 개설한 사설도로(대지안의 공지는 제외) : 비과세

② 군사시설보호법에 의한 통제보호구역 안에 있는 토지(전·답·과수원 및 대지를 제외)
  ▸ 군사시설보호구역 중 통제보호구역 안에 있는 임야 : 비과세
  ▸ 군사시설보호구역 중 제한보호구역 안에 있는 임야 : 분리과세대상

③ 자연공원법에 의한 공원 자연보존지구 안의 임야
  ▸ 자연공원법에 의한 자연환경지구 안의 임야 : 분리과세대상

④ 임시사용건축물로 과세기준일 현재 1년 미만인 것

⑤ 산림보호법에 따라 지정된 산림보호구역 및 산림자원의 조성 및 관리에 관한 법률에 따라 지정된 채종림, 시험림

⑥ 행정기관으로부터 철거명령을 받은 건축물 등 재산세를 부과하는 것인 적절하지 아니한 건축물 또는 주택(건축법에 따른 건축물 부분으로 한정한다)

⑦ 무덤과 이에 접속된 부속시설물 부지로 사용되는 토지로 지목이 묘지인 토지
  ▸ **취득세** : 중과기준세율
  ▸ **등록면허세** : 비과세

빈출지문

1. 지방자치단체가 유료로 공공용에 사용하는 개인 소유의 토지에는 재산세를 부과한다.

2. 국가·지방자치단체 및 지방자치단체조합이 1년 이상 공용 또는 공공용에 사용하는 재산에 대하여는 그 사용의 유·무상을 불문하고 재산세를 부과하지 아니한다.

3. 임시로 사용하기 위하여 건축된 건축물로서 재산세 과세기준일 현재 존속기간이 1년 미만인 경우 재산세를 부과하지 아니한다.

4. 재산세를 부과하는 해당 연도에 철거하기로 계획이 확정되어 재산세 과세기준일 현재 행정관청으로부터 철거 명령을 받은 주택과 그 부속토지인 대지는 재산세를 부과하지 아니한다.

5. 도로법에 따른 도로와 그 밖에 일반인의 자유로운 통행을 위하여 제공할 목적으로 개설한 사설도로(건축법 시행령 제80조의 2에 따른 대지 안의 공지는 제외)는 재산세를 부과하지 아니한다.

6. 산림자원의 조성 및 관리에 관한 법률에 따라 지정된 채종림 시험림은 재산세를 부과하지 아니한다.

7. 군사기지 및 군사시설보호법에 따른 군사기지 및 군사시설보호구역에 있는 전 답은 재산세를 비과세한다.

Answer

1. ○ 2. 무상으로 사용하는 경우에 재산세를 부과하지 아니한다. 3. ○ 4. 건축물의 경우에만 비과세하고 대지는 과세한다. 5. ○ 6. ○ 7. 전·답·과수원 대지는 비과세하지 아니한다.

핵심 06 부과 · 징수

1. 과세기준일: 매년 6월 1일

2. 납 기

과세대상	납 기	
토 지	매년 9월 16일부터 9월 30일까지	
건축물	매년 7월 16일부터 7월 31일까지	
주 택	해당 연도에 부과 · 징수할 세액의 1/2	매년 7월 16일부터 7월 31일까지
	해당 연도에 부과 · 징수할 세액의 1/2	매년 9월 16일부터 9월 30일까지
	다만, 해당 연도에 부과할 세액이 20만원 이하의 경우는 조례가 정하는 바에 따라 납기를 7월 16일부터 7월 31일까지 한꺼번에 부과 · 징수할 수 있다.	
선 박	매년 7월 16일부터 7월 31일까지	
항공기	매년 7월 16일부터 7월 31일까지	

▸ 시장, 군수는 과세대상 누락, 위법 또는 착오 등으로 인하여 이미 부과한 세액을 변경시키거나 수시 부과하여야 할 사유가 발생한 때에는 수시로 부과·징수할 수 있다.

3. 납세지

① 토지 · 건축물 · 주택: 소재지 관할 시 · 군 · 구

② 선박: 선적항 소재지 관할 시 · 군 · 구

③ 항공기: 정치장 소재지 관할 시 · 군 · 구

4. 징수방법

① 보통징수(고지서: 납기개시 5일 전까지 발부)

② 소액징수 면제: 고지서 1장당 징수할 세액이 2,000원 미만인 때에는 당해 재산세를 징수하지 않는다.

▸ 2,000원이면 징수하지 아니한다: ×

③ 병기세목: 소방분에 대한 지역자원시설세의 납기와 재산세의 납기가 같을 때에는 재산세의 납세고지서에 나란히 기재하여 납세 고지할 수 있다(하여야 한다: ×).

④ 토지에 대한 재산세는 한 장의 납세고지서로 발급하며 토지 외의 재산에 대한 재산세는 건축물, 주택, 선박, 항공기로 구분하여 과세대상 물건마다 한 장의 납세고지서로 발급하거나 물건의 종류별로 한 장의 고지서로 발급할 수 있다.

5. 납부지연가산세

① 납부기한까지 납부하지 않은 경우 : 3/100(3%)

② 납부기한 지난 후 매 1개월이 경과할 때마다 : 66/10,000(0.66%)
   ㉠ 60개월을 초과할 수 없다.
   ㉡ 체납된 납세고지서별 세액이 45만원 미만은 적용하지 아니한다.

6. 세부담의 상한(주택의 경우 세부담상한은 폐지되었다)

토지 · 건축물은 100분의 150(가격과 관계없이 100분의 150을 적용한다)이다.

7. 소유권 변동 등의 신고

① 소유권 변동 사유가 생긴 경우에는 **과세기준일로부터 15일** 이내 신고

② 시장, 군수의 직권등재 가능(직권등기 ×)

8. 부가세

재산세 부가세는 재산세액(도시지역 분 재산세액은 제외)의 100분의 20에 해당하는 지방교육세가 부과된다.

▼ 세목별 부가세

본 세	부가세
취득세	일반적인 경우 : 농어촌특별세 10%
	감면의 경우 : 농어촌특별세 20%
	지방교육세 20%
등록면허세	일반적인 경우 : 지방교육세 20%
	감면의 경우 : 농어촌특별세 20%
재산세	지방교육세 20%
종합부동산세	농어촌특별세 20%
양도소득세	감면의 경우 : 농어촌특별세 20%

9. 물납 및 분납

(1) 물납 : 납부세액이 1천만원 초과할 때(1,000만원인 경우 물납할 수 없다)

① 물납대상 : **관할구역 內**에 소재하는 **부동산**에 한하여 허가

▸ 재산세 도시지역분도 재산세와 합산하여 재산세로 부과되기 때문에 물납이 가능하다. : ○

② 물납의 신청과 납부절차

㉠ 납부기한 **10일** 전까지 신청 ⇨ **5일** 이내 서면으로 허가 여부 통지

▸ 지방자치단체 장은 물납신청을 받은 부동산이 관리처분상 부적당하다고 인정되는 경우에는 허가를 하지 아니할 수 있다.

㉡ 불허가 받은 경우 : **10일** 이내 변경신청

▸ 물납을 하면 납기 내 납부한 것으로 본다.

③ 물납 부동산 평가 : **과세기준일** 현재의 시가

㉠ 토지·주택 : 지방세법에 의한 시가표준액

㉡ 건축물 : 지방세법에 의한 시가표준액

▸ 시가로 인정되는 부동산 가액(과세기준일 전 6개월 이내)

㉢ 보상가액·공매가액·감정가액·국가 등으로부터 취득 및 판결문 법인장부에 의하여 취득가액이 입증되는 취득으로 그 취득가액

㉣ 시가로 보는 가액이 2 이상인 경우 재산세의 과세기준일로부터 가장 가까운 날에 해당하는 가액을 시가로 본다.

📝참고 재산세 날짜 정리

5일	과세권자 ⇨ 납세의무자
10일	납세의무자 ⇨ 과세권자
15일	소유권 변동의 경우 변동신고 과세기준일로부터 15일 이내

(2) 분납(납부금액이 250만원 초과할 때) : 허가 ✕

① 분납금액

㉠ 500만원 이하시 : 250만원을 초과하는 금액

㉡ 500만원 초과시 : 그 세액의 100분의 50 이하의 금액

② 분납기간 : 납부기한 경과 후 3개월 이내에 분납

③ 시장·군수는 분납신청을 받은 경우 이미 고지한 납세고지서를 납부기한 내 납부할 납세고지서와 분할납부 기한 내 납부할 납세고지서로 구분하여 수정고지하여야 한다.

▸ 종합부동산세 : 250만원 초과시 6개월 이내 분납

▸ 양도소득세 : 1,000만원 초과시 2개월 이내 분납

④ 소방분 지역자원시설세의 경우 재산세에 병기고지되는 경우에는 분할납부가 가능하다.

▼ 재산세 물납과 분납 비교

구 분	물 납	구 분	분 납
금액요건	1,000만원 초과	금액요건	250만원 초과
신 청	납부기한 10일전	신 청	납부기한까지
허 가	5일 이내	허 가	허가 필요 없음
대 상	관할구역 내 부동산	분납기한	납부기한 지난 후 3개월
가격평가	과세기준일 현재 시가	분납금액	• 500만원 이하: 250만원 초과금액 • 500만원 초과: 50/100 이하 금액

10. 신탁재산 수탁자의 물적 납세의무

신탁재산의 위탁자가 재산세 등을 체납한 경우로서 그 위탁자의 다른 재산세 대하여 체납처분을 하여도 징수할 금액에 미치지 못 할 때에는 해당 신탁재산의 수탁자는 그 신탁재산으로써 위탁자의 재산세 등을 납부할 의무가 있다.

① 재산세 고지가 있은 후 납세의무자인 위탁자가 신탁의 이익을 받을 권리를 포기 또는 이전하거나 신탁재산을 양도하는 등의 경우에도 고지된 부분에 대한 납세의무에는 영향을 미치지 아니한다.

② 신탁재산의 수탁자가 변경되는 경우에 새로운 수탁자는 이전의 수탁자에게 고지된 납세의무를 승계한다.

11. 납부유예(100만원을 초과하는 경우에 한함)

관할지방자치단체 장은 다음 각 호의 요건을 모두 충족하는 납세의무자가 주택분 재산세액의 납부유예를 그 납부기한 만료 3일 전까지 신청하는 경우 이를 허가할 수 있다. 이 경우 납부유예를 신청한 납세의무자는 그 유예할 주택분 재산세액에 상당하는 담보를 제공하여야 한다.

(1) 과세기준일 현재 1세대 1주택자일 것

(2) 과세기준일 현재 만 60세 이상이거나 해당 주택을 5년 이상 보유하고 있을 것

(3) 다음의 어느 하나에 해당하는 소득 기준을 충족할 것

① 직전 과세기간의 총급여액이 7천만원 이하일 것

② 직전 과세기간의 종합소득금액이 6천만원 이하일 것

(4) 해당 연도의 주택분 재산세액이 100만원을 초과할 것

빈출지문

1. 주택의 납세지는 주택 소유자의 주소지를 관할하는 시·군·지방자치단체인 구이다.

2. 건축물에 대한 재산세 납기는 매년 7월 16일부터 7월 31일까지이다.

3. 지방자치단체의 장은 재산세 납부세액이 1천만 원을 초과하는 경우 납세의무자의 신청을 받아 관할구역에 관계없이 해당 납세자의 부동산에 대하여 법령으로 정하는 바에 따라 물납을 허가할 수 있다.

4. 불허가 통지를 받은 납세의무자가 그 통지를 받은 날부터 10일 이내에 다른 부동산으로 변경 신청하는 경우에는 변경하여 허가할 수 있다.

5. 물납허가를 받은 부동산을 물납한 때에는 납기 내에 납부한 것으로 본다.

6. 물납신청을 받은 부동산이 관리·처분상 부적당하다고 인정되는 경우에는 허가를 하지 아니할 수 있다.

7. 재산세 납부세액이 250만원을 초과하여 재산세를 분할 납부하려는 자는 재산세 납부기한까지 법령으로 정하는 신청서를 시장·군수에게 제출하여야 한다.

8. 해당 연도에 부과할 토지분 재산세액이 20만원 이하인 경우, 조례로 정하는 바에 따라 납기를 7월 16일부터 7월 31일까지로 하여 한꺼번에 부과·징수할 수 있다.

9. 지방자치단체의 장은 과세대상의 누락 등으로 인하여 이미 부과한 재산세액을 변경하여야 할 사유가 발생하더라도 수시로 부과·징수할 수 없다.

10. 재산세 물납을 허가하는 부동산의 가액은 매년 12월 31일 현재의 시가로 평가한다.

11. 물납 신청 후 불허가 통지를 받은 경우에 해당 시·군·구의 다른 부동산으로의 변경신청은 허용되지 않으며 금전으로만 납부하여야 한다.

12. 고지서 1장당 재산세로 징수할 세액이 2천원인 경우에는 해당 재산세를 징수하지 아니한다.

13. 소방분지역자원시설세의 경우에도 재산세에 병기고지 되는 경우 재산세를 분납하는 경우에는 분납이 가능하다.

14. 「신탁법」에 따라 수탁자 명의로 등기된 신탁재산에 대한 재산세가 체납된 경우로서 그 위탁자의 다른 재산에 대하여 체납처분을 하여도 징수할 금액에 미치지 못할 때에는 해당 신탁재산의 수탁자는 그 신탁재산으로 위탁자의 재산세 등을 납부할 의무가 있다.

15. 재산세를 징수하려면 토지, 건축물, 주택, 선박 및 항공기로 각각 구분된 납세고지서에 과세표준과 세액을 적어 늦어도 납기개시 5일 전까지 발급하여야 한다.

16. 소유권 등이 변동된 재산은 과세기준일로부터 15일 이내에 그 내용을 신고하여야 하며, 신고를 하지 아니한 경우에는 무신고가산세 20/100을 부과한다.

17. 재산세 납부세액이 600만원인 경우 300만원은 납부기한이 지난 날로부터 2개월 이내에 분납할 수 있다.

18. 토지에 대한 재산세는 납세의무자별로 한 장의 납세고지서로 발급하여야 한다.

19. 재산세 납세의무는 과세표준과 세액을 지방자치단체에 신고하여 확정된다.

Answer

1. 주택은 주택의 소재지 관할 시·군·구가 납세지이다. 2. ○ 3. 재산세 물납은 관할구역 내 소재하는 부동산에 한하여 물납이 가능하다. 4. ○ 5. ○ 6. ○ 7. ○ 8. 토지가 아니라 주택의 경우에 해당한다. 9. 수시로 부과·징수할 수 있다. 10. 과세기준일 현재 시가에 의한다. 11. 물납의 경우 불허가를 하면 불허가 통지를 받은 날로부터 10일 이내에 다른 부동산으로 물납을 신청하면 변경하여 물납을 할 수 있다. 12. 2,000원인 경우에는 재산세를 징수한다. 13. ○ 14. ○ 15. ○ 16. 신고를 하지 않아도 신고불성실가산세는 부과되지 않는다. 17. 3개월 이내 분납할 수 있다 18. ○ 19. 재산세는 과세권자가 결정하는 때 납세의무가 확정된다.

박문각 공인중개사 ────────────────────────

국 세

Chapter 01 종합부동산세

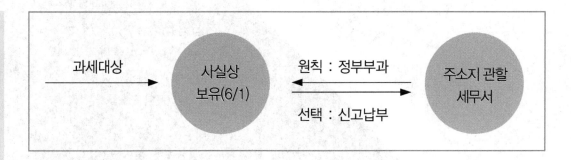

핵심 01 │ 종합부동산세의 의의 및 용어

전국을 대상으로 주택 및 토지를 소유자별로 합산하여 일정액을 초과하는 경우 과세하며 보유 정도에 따라 초과누진세율을 적용하는 인세로서 국세이다.

▸ 세대별 합산하지 않고 소유자별 합산한다. 이때 합산은 전국을 대상으로 합산하고 주택의 경우 재산세는 주택별로 각각 과세하지만 종합부동산세의 경우에는 주택도 전국을 대상으로 소유자별로 합산하여 과세한다.

(1) 용어의 정의

① 주택 : 주택이라 함은 세대의 세대원이 장기간 독립된 주거생활을 영위할 수 있는 구조로 된 건축물의 전부 또는 일부 및 그 부속토지를 말한다.

② 세대 : 주택 또는 토지의 소유자 및 그 배우자와 그들과 생계를 같이 하는 가족으로서 대통령령이 정하는 것을 말한다.

(2) 1세대 1주택의 범위

① 1세대 1주택자란 과세기준일 현재 세대원 중 1인이 단독으로 소유한 경우를 말한다. 다만, 부부 공동소유의 경우 매년 9월 16일부터 9월 30일까지 1주택자로 신청할 수 있다.

② 1주택(주택의 부속토지만을 소유한 경우 제외)과 다른 주택의 부속토지(주택의 건물과 부속토지의 소유자가 다른 경우의 그 부속토지를 말한다)를 함께 소유하고 있는 경우에는 1세대 1주택자로 본다.

③ 혼인으로 인한 1세대 : 10년 동안 세대합산하지 않고 각각 1세대로 본다.

④ 60세 이상의 직계존속(배우자의 직계존속을 포함, 직계존속 중 어느 한 사람이 60세 미만인 경우를 포함한다)의 동거봉양을 위한 1세대 : 10년 동안 세대 합산하지 않고 각각 1세대로 본다.

구 분	동거봉양	혼 인
양도소득세	10년 이내 먼저 양도하는 주택 1세대 1주택으로 본다.	10년 이내 먼저 양도하는 주택은 1세대 1주택으로 본다.
종합부동산세	10년 동안 각각 1세대 1주택으로 본다.	10년 동안 각각 1세대 1주택으로 본다.

핵심 02 ┃ 종합부동산세 특징

① 국세 · 보통세 · 인세
② 보유과세
③ 소유자별 합산과세(세대별 합산 ×)
④ 정부부과과세제도(원칙). 단, 납세의무자가 원하는 경우 신고 · 납부
⑤ 종가세, 초과누진세율
⑥ 분납(250만원 초과시 : 6개월 이내) 가능
⑦ 과세기준일(매년 6월 1일)에 납세의무가 성립하고 정부가 결정하는 때 납세의무가 확정되나 납세의무자가 신고 · 납부를 선택하는 경우 신고할 때 확정된다.

핵심 03 ┃ 과세대상(분리과세대상 토지, 건축물은 제외)

1. 과세대상 및 세액

① 주 택
  ▸ 합산 배제 주택(9.16~9.30까지 주택 보유 현황 신고)
  ㉠ 임대주택, 기숙사, 사원용 주택, 미분양 주택, 어린집용 주택, 등록문화유산 주택, 공공주택사업자
  ㉡ 합산배제 임대주택과 등록문화유산 주택은 주택수에서 제외한다.

▼ 종합부동산세 과세대상 주택의 범위

구 분	부동산의 종류	재산세	종합부동산세
주 택	주택(아파트, 단독, 다가구)	○	○
	오피스텔(주거용)	○	○
	등록문화유산주택, 연구기관소유주택	○	×
	건설임대주택, 매입임대주택, 장기임대주택	○	×
	미분양주택, 사원용주택, 기숙사, 어린이집용시설	○	×
건축물	일반 건축물	○	×

② 종합합산과세대상 토지

③ 별도합산과세대상 토지

④ 종합부동산세는 주택에 대한 종합부동산세와 토지에 대한 종합부동산세의 세액을 합한 금액을 그 세액으로 한다.

⑤ 토지에 대한 종합부동산세의 세액은 제14조 제1항부터 제3항까지의 규정에 따른 토지분 종합합산세액과 같은 조 제4항부터 제6항까지의 규정에 따른 토지분 별도합산세액을 합한 금액으로 한다.

핵심 04 납세의무자

① 주택분 납세의무자

과세기준일 현재 주택 분 재산세의 납세의무자로 국내에 있는 재산세 과세대상인 주택의 공시가격을 합산한 금액이 **9억원**(1세대 1주택 단독명의자 : **12억원**)을 초과하는 자(법인은 금액에 관계없이 납세의무가 있다)

▶ 신탁법에 따라 수탁자 명의로 등기 · 등록된 신탁재산의 경우에는 위탁자를 납세의무자로 한다. 이 경우 위탁자가 신탁재산을 소유한 것으로 본다.

② 종합합산과세대상 토지

국내에 소재하는 당해 과세대상 토지의 공시가격을 합한 금액이 **5억원**을 초과하는 자

③ 별도합산과세대상 토지

국내에 소재하는 당해 과세대상 토지의 공시가격을 합한 금액이 **80억원**을 초과하는 자

구 분		납세의무자
주 택		공시가격을 합한 금액이 ( )억원을 초과하는 자. 단, 1세대 1주택 단독명의자는 ( )억원을 초과하는 자
		공시가격을 합한 금액이 ( )억원을 초과하는 자
토 지	종합합산	공시가격을 합한 금액이 ( )억원을 초과하는 자
	별도합산	

핵심 05 **과세표준**

(1) 주 택

납세의무자별로 주택의 공시가격을 합한 금액에서 9억원을 공제한 금액에 공정시장가액비율을 곱한 금액으로 한다(법인소유 주택은 공제 배제).

① 9억원까지는 주택분 재산세 대상이기 때문에 9억원을 차감한다.

② 9억원 초과부분에 대하여 부과된 재산세액(지방세법에 의한 가감조정된 세율이 적용된 경우에는 그 세율이 적용된 세액, 세부담상한을 적용받은 경우에는 그 상한을 적용받은 세액을 말함)은 주택분 종합부동산세의 산출세액에서 공제한다(이중과세되므로).

③ 1세대 1주택 단독명의자의 경우 과세표준에서 12억원을 공제한다.

　㉠ 다주택 : (공시가격 합한 금액 - 9억원) × 공정시장가액비율

　㉡ 1세대 1주택 단독명의 : (공시가격 합한 금액 - 12억원) × 공정시장가액비율

　㉢ 법인소유주택 : 공시가격 합한 금액 × 공정시장가액비율

④ 등록문화유산 주택과 합산배제 신고를 한 임대주택(임대주택은 과세기준일 현재 그 주택에 주민등록이 되어 있고 실제로 거주하고 있는 경우에 한한다)은 주택 수에서 제외한다.

⑤ 세액공제(단, 공제율 합계 100분의 80의 범위 안에서 중복공제가 가능)

　㉠ 1세대 1주택 연령별 세액공제

연령별	공제율
만 60 이상 ~ 만 65세 미만	100분의 20
만 65 이상 ~ 만 70세 미만	100분의 30
만 70세 이상	100분의 40

　㉡ 1세대 1주택 장기보유 세액공제

보유기간	공제율
5년 이상 ~ 10년 미만	100분의 20
10년 이상 ~ 15년 미만	100분의 40
15년 이상	100분의 50

　㉢ 1세대 1주택 부부공동 명의

　　부부 공동 명의자가 1주택 단독명의자 적용을 받으려면 매년 9월 16일부터 9월 30일까지 1세대 1주택자로 신청하여야 한다.

(2) 종합합산과세대상 토지

납세의무자별로 당해 과세대상 토지의 공시가격을 합한 금액에서 5억원을 공제한 금액에 공정시장가액비율을 곱한 금액으로 한다.

(3) 별도합산과세대상 토지

납세의무자별로 당해 과세대상 토지의 공시가격을 합한 금액에서 80억을 공제한 금액에 공정시장가액비율을 곱한 금액으로 한다.

⌇ 종합부동산세 과세표준(법인 소유 주택은 9억원 공제 배제)

구 분		납세의무자
주 택		주택 공시가격 합계액 − ( )억원 × 공정시장가액비율(%)
토 지	종합합산	종합합산 토지 공시가격 합계액 − ( )억원 × 공정시장가액비율(%)
	별도합산	종합합산 토지 공시가격 합계액 − ( )억원 × 공정시장가액비율(%)

▶ **1세대 1주택 단독명의자**

주택 공시가격 합계액에서 (   )원을 공제한 금액 × 공정시장가액비율(%)

핵심 06 | **세율:** 법인(공익법인 등은 제외)의 경우 주택: 27/1,000, 50/1,000 적용

(1) 2주택 이하 주택의 세율(7단계 초과누진세율 : 5/1,000 ~ 27/1,000)

과세표준	세 율
3억원 이하	1,000분의 5
3억원 초과 6억원 이하	150만원 + (3억원 초과금액의 1,000분의 7)
6억원 초과 12억원 이하	360만원 + (6억원 초과금액의 1,000분의 10)
12억원 초과 25억원 이하	960만원 + (12억원 초과금액 1,000분의 13)
25억원 초과 50억원 이하	2천650만원 + (25억원 초과금액 1,000분의 15)
50억원 초과 94억원 이하	6천400만원 + (50억원 초과금액 1,000분의 20)
94억원 초과	1억5천200만원 + (94억원 초과금액 1,000분의 27)

(2) 3주택 이상의 세율(7단계 초과누진세율)

과세표준	세 율
3억원 이하	1,000분의 5
3억원 초과 6억원 이하	150만원 + (3억원 초과금액의 1,000분의 7)
6억원 초과 12억원 이하	360만원 + (6억원 초과금액의 1,000분의 10)
12억원 초과 25억원 이하	960만원 + (12억원 초과금액 1,000분의 20)
25억원 초과 50억원 이하	3천560만원 + (25억원 초과금액 1,000분의 30)
50억원 초과 94억원 이하	1억1천60만원 + (50억원 초과금액 1,000분의 40)
94억원 초과	2억8천660만원 + (94억원 초과금액 1,000분의 50)

참고 법인 소유 주택의 경우

1. 취득세 : 주택 유상거래의 경우 주택수와 무관하게 지방세법 제11조 제1항 제7호 나목을 표준세율로 하여 중과기준세율의 100분의 400을 합한 세율(12%)을 적용한다.
2. 종합부동산세
   ① 세부담상한 : 적용하지 아니한다
   ② 세율(공익법인, 공공사업시행자는 제외)
      ㉠ 2주택 이하 : 27/1,000
      ㉡ 3주택 이상 : 50/1,000
   ③ 과세표준 계산시 9억원 공제 적용 안함

(3) 종합합산과세대상 토지의 세율(3단계 초과누진세율)

과세표준	세 율
15억원 이하	1,000분의 10
15억원 초과 45억원 이하	1천500만원 + (15억원 초과금액의 1,000분의 20)
45억원 초과	7천500만원 + (45억원 초과금액의 1,000분의 30)

(4) 별도합산과세대상 토지의 세율(3단계 초과누진세율)

과세표준	세 율
200억원 이하	1,000분의 5
200억원 초과 400억원 이하	1억원 + (200억원 초과금액의 1,000분의 6)
400억원 초과	2억2천만원 + (400억원 초과금액의 1,000분의 7)

주 택	개 인	2주택 이하	5/1,000 ~ 27/1,000
		3주택 이상	5/1,000 ~ 50/1,000
	법인(공익법인 등은 제외)	2주택 이하	27/1,000
		3주택 이상	50/1,000
토 지	별도합산대상 토지		5/1,000 ~ 7/1,000
	종합합산대상 토지		10/1,000 ~ 30/1,000

(5) 주택분 종합부동산세 계산시 다음의 경우는 주택수에서 제외한다(①, ②, ③의 경우 9월 16일부터 9월 30일까지 신청하여야 한다).

① 일시적 2주택

1세대 1주택자가 종전주택 양도 전 다른 주택을 대체 취득한 경우. 신규주택 취득 후 3년 이내 종전 주택 양도하는 경우로 한정한다.

② 상속주택(다음의 주택은 주택수에서 제외)

1세대 1주택자가 상속을 원인으로 취득한 주택을 함께 보유하는 경우로서 상속개시일부터 5년이 경과하지 않은 주택. 다만, 다음의 경우 기간 제한과 관계없이 주택수에서 제외한다.

㉠ 소액지분(상속주택지분 40% 이하)인 경우

㉡ 지분율에 해당하는 금액이 수도권은 6억원 이하 비수도권은 3억원 이하인 주택

③ 지방 저가주택(수도권, 광역시, 특별자치시 밖의 소재 주택)

1세대 1주택자가 지방 저가주택(공시가격 4억원 이하)을 함께 보유하는 경우

④ 토지의 소유권 또는 지상권 등 토지를 사용할 수 있는 권원이 없는 자가 건축법 등 관계 법령에 따른 허가 등을 받지 않거나 신고를 하지 않고 건축하여 사용 중인 주택(주택을 건축한 자와 사용 중인 자가 다른 주택을 포함한다)의 부속 토지

⑤ 건축법 시행령에 따른 다가구주택은 1주택으로 본다.

⑥ 합산배제 임대주택 및 합산배제 사원용 주택에 해당하는 주택은 주택수에 포함하지 아니한다.

(6) 이중과세 조정

① 종합부동산세액에서 주택분 재산세와 토지분 재산세로 부과된 세액은 공제한다.

② 지방세법에 의한 가감조정된 세율이 적용된 경우에는 그 세율이 적용된 세액, 세부담상한을 적용받는 경우에는 그 상한을 적용받은 세액을 말한다.

(7) 세부담상한

구 분		재산세	종합부동산세(금액무관)
토 지	종합합산	150/100	150/100
	별도합산	150/100	150/100
건축물		150/100	−
주 택	재산세 주택 세부담상한은 폐지되었다.		−
			−
			① 주택 : 100분의 150
			② 법인소유 주택은 세부담상한 적용 ×

참고 주택에 대한 세부담 상한의 기준이 되는 직전 연도에 해당 주택에 부과된 주택에 대한 총세액상당액은 납세의무자가 해당 연도의 과세표준 합산 주택을 직전 연도 과세기준일에 실제로 소유하였는지 여부를 불문하고 직전 연도 과세기준일 현재 소유한 것으로 보아 계산한다.

핵심 07 **부과 · 징수**

(1) 원칙 : 정부부과과세 제도

관할 세무서장은 종합부동산세를 징수하고자 하는 때에는 납부고지서에 주택 및 토지로 구분한 과세표준과 세액을 기재하여 납부기간 개시 5일 전까지 발부하여야 한다.

(2) 예외 : 납세의무자가 신고 · 납부하고자 하는 경우에는 신고 · 납부할 수 있다.

이 경우 과세권자의 결정은 없었던 것으로 본다.

(3) 과세기준일 : 매년 6월 1일

(4) 납부기간

매년 12월 1일부터 12월 15일까지 납부(신고 · 납부의 경우에도 동일)

① 신고 · 납부하지 않아도 무신고 가산세는 부과되지 않는다. 단, 과소신고 가산세는 부과될 수 있다.

② 과소신고 후 미납부 : 납부지연가산세(1일 22/100,000)

③ 납부지연가산세 : 납부고지 후 미납부(3% + 1일 22/100,000)

(5) 납세지

거주자	주소지 또는 거소지	
비거주자	사업장이 있는 경우	사업장 소재지
	사업장이 없는 경우	국내 원천소득이 발생한 장소

☑참고 비거주자의 경우 국내사업장이 없고 원천소득도 없는 경우에는 그 주택 또는 토지 소재지를 납세지로 한다.

(6) 분 납

납부세액이 250만원 초과시 납부기한 경과 후 6개월 이내 분납하게 할 수 있다.

(7) 비과세 및 감면

재산세 비과세 감면 규정을 준용한다.

(8) 부가세 : 농어촌 특별세 20%

☑참고 재산세와 종합부동산세의 공통점
1. 과세기준일이 동일하다.
2. 세부담상한 제도가 있다.
3. 분납제도가 있다.
4. 주택과 토지의 정의가 동일하다.
5. 비과세 감면 규정

(9) 납부유예(100만원을 초과하는 경우에 한함)

관할세무서장은 다음 각 호의 요건을 모두 충족하는 납세의무자가 주택분 종합부동산세액의 납부유예를 그 납부기한 만료 3일 전까지 신청하는 경우 이를 허가할 수 있다. 이 경우 납부 유예를 신청한 납세의무자는 그 유예할 주택분 종합부동산세액에 상당하는 담보를 제공하여 야 한다.

① 과세기준일 현재 1세대 1주택자일 것

② 과세기준일 현재 만 60세 이상이거나 해당 주택을 5년 이상 보유하고 있을 것

③ 다음의 어느 하나에 해당하는 소득 기준을 충족할 것

　　㉠ **직전 과세기간이 총급여액이 7천만원 이하일 것**

　　㉡ **직전 과세기간의 종합소득금액이 6천만원 이하일 것**

④ **해당 연도의 주택분 종합부동산세액이 100만원을 초과할 것**

참고 재산세와 종합부동산세의 비교

구 분	재산세	종합부동산세
과세대상	토지(분리과세, 별도합산, 종합합산), 건축물, 주택, 선박, 항공기	주택, 토지(별도합산, 종합합산)
과세기준일	매년 6월 1일	매년 6월 1일
납세지	재산 소재지 관할 시·군·구	주소지 관할 세무서
과세단위	① 주택: 재산별 과세 ② 토지: 시·군 단위로 합산(분리과세 제외)	전국단위로 합산과세
과세표준	① 원칙: 시가표준액(과세기준일 현재) ② 토지, 건축물, 주택의 경우: 시가표준액 × 공정시장가액비율	① 주택: (공시가격합계액 − 9억원) × 공정시장가액비율 ② 종합: (공시가격합계액 − 5억원) × 공정시장가액비율 ③ 별도: (공시가격합계액 − 80억원) × 공정시장가액비율
세부담의 상한	① 토지, 건축물: 150/100 ② 주택: 세부담상한 ×	① 토지 주택: 100분의 150 ② 법인주택: 세부담상한 ×
납부방법	보통징수	① 원칙: 정부부과과세 ② 예외: 신고·납부
납부기간	① 주택: 7월과 9월에 각각 1/2씩 납부 ② 토지: 9월 16일 ~ 9월 30일	12월 1일 ~ 12월 15일

빈출지문

1. 국내에 있는 재산세 과세대상인 주택의 공시가격을 합산한 금액이 9억원(1세대 1주택 단독명의는 12억원)을 초과하는 경우에는 해당 주택 소유자는 종합부동산세 납세의무자에 해당한다.

2. 과세대상 토지가 매매로 유상이전되는 경우로서 매매계약서 작성일이 2025년 6월 1일이고 잔금지급 및 소유권이전등기일이 2025년 6월 29일인 경우 종합부동산세의 납세의무자는 매도인이다.

3. 「건축법」 등 관계법령에 따라 허가 등을 받아야 할 건축물로서 허가 등을 받지 아니한 건축물의 부속토지는 종합부동산세의 과세대상에 해당한다.

4. 종합부동산세의 과세대상인 주택의 범위는 재산세의 과세대상인 주택의 범위와 다르다.

5. 과세기준일 현재 토지분 재산세의 납세의무자로서 자연공원법에 따라 지정된 공원자연환경지구의 임야를 소유하는 자는 토지에 대한 종합부동산세를 납부할 의무가 있다.

6. 공장용 건축물의 경우 종합부동산세 과세대상이 아니다.

7. 종합부동산세의 과세기준일은 지방세법상 재산세의 과세기준일과 동일하다.

8. 1주택(주택의 부속토지만을 소유한 경우는 제외)과 다른 주택의 부속토지(주택의 건물과 부속토지의 소유자가 다른 경우의 그 부속토지)를 함께 소유하고 있는 경우는 1세대 1주택자로 본다.

9. 국내에 있는 부부공동명의(지분비율이 동일함)로 된 1세대 1주택의 공시가격이 10억원인 경우 종합부동산세 과세대상이 아니다.

10. 주택분 재산세의 납세의무자로서 주택분 과세기준금액을 초과하는 자는 종합부동산세뿐만 아니라 재산세도 세대별로 합산하여 과세된다.

11. 과세기준일 현재 만 60세 이상인 자가 보유하고 있는 종합부동산세 과세대상인 토지에 대하여는 연령에 따른 세액공제를 받을 수 있다.

12. 납세의무자가 해당 년도에 납부하여야 할 토지분 종합부동산세의 세부담 상한액은 직전년도에 부과된 종합부동산세액의 100분의 300이다.

13. 주택분 과세기준금액을 초과하는 금액에 대하여 당해 과세대상 주택의 주택분 재산세로 부과된 세액은 주택분 종합부동산세액에서 이를 공제한다.

14. 혼인함으로써 1세대를 구성하는 경우에라도 혼인한 날부터 5년 동안은 주택 또는 토지를 소유하는 자와 그 혼인한 자별로 각각 1세대로 본다.

15. 주택분 종합부동산세 납세의무자가 1세대 1주택자에 해당하는 경우의 주택분 종합부동산세액 계산시 연령에 따른 세액공제와 보유기간에 따른 세액공제는 공제율 합계 100분의 80의 범위에서 중복하여 적용할 수 있다.

16. 주택에 대한 종합부동산세의 과세표준은 납세의무자별로 주택 공시가격을 합한 금액에서 9억원(1세대 1주택 단독명의자 12억원)을 공제한 금액에 공정시장가액비율을 곱한 금액으로 한다.

17. 개인이 소유한 2주택에 대한 종합부동산세는 과세표준에 7단계 초과누진세율(5/1,000 ~ 27/1,000)을 적용하여 계산한 금액을 그 세액으로 한다.

18. 관할세무서장은 종합부동산세로 납부하여야 할 세액이 400만원인 경우 최대 150만원의 세액을 납부기한 경과한 날로부터 6개월 이내에 분납하게 할 수 있다.

19. 납세의무자가 거주자인 개인인 경우 납세지는 소득세법상 납세지 규정을 준용한다.

20. 지방세특례제한법에 의한 재산세의 감면규정은 종합부동산세를 부과함에 있어서 이를 준용한다.

21. 종합부동산세는 부과·징수가 원칙이며 납세의무자의 선택에 의하여 신고납부도 가능하다.

22. 관할세무서장은 납부하여야 할 종합부동산세의 세액을 결정하여 당해 연도 12월 1일부터 12월 15일까지 부과·징수한다. 다만, 예외적으로 신고납부할 수 있으며 이 경우 관할세무서장의 결정은 없었던 것으로 본다.

23. 종합부동산세는 물납과 분납 제도를 두고 있지 아니하다.

24. 주택에 대한 세부담상한의 기준이 되는 직전 연도에 해당 주택에 부과된 주택에 대한 총세액상당액은 납세의무자가 해당 연도의 과세표준 합산주택을 직전 연도 과세기준일에 실제로 소유하였는지의 여부를 불문하고 직전 연도 과세기준일 현재 소유한 것으로 보아 계산한다.

25. 납세자에게 부정행위가 없으며 특례제척기간에 해당하지 않는 경우 원칙적으로 납세의무 성립일로부터 5년이 지나면 종합부동산세를 부과할 수 없다.

26. 주택분 종합부동산세액을 계산할 때 1주택을 여러 사람이 공동으로 매수하여 소유한 경우 공동 소유자 각자가 그 주택을 소유한 것으로 본다.

27. 혼인으로 인한 1세대 2주택의 경우 납세의무자가 해당 연도 9월 16일부터 9월 30일까지 관한 세무서장에게 합산배제를 신청하면 1세대 1주택자로 본다.

28. 관할 세무서장은 납세의무자가 과세기준일 현재 1세대 1주택자인 경우 주택분 종합부동산세액의 납부유예를 허가할 수 있다.

29. 「신탁법」 제2조에 따른 수탁자의 명의로 등기된 신탁주택의 경우에는 수탁자가 종합부동산세를 납부할 의무가 있으며, 이 경우 수탁자가 신탁주택을 소유한 것으로 본다.

30. 거주자 甲이 2024년부터 보유한 3주택(주택 수 계산에서 제외되는 주택은 없음) 중 2주택을 2025.6.17.에 양도하고 동시에 소유권이전등기를 한 경우, 甲의 2025년도 주택분 종합부동산세액은 3주택 이상을 소유한 경우의 세율을 적용하여 계산한다.

31. 토지분 재산세의 납세의무자로서 별도합산과세대상 토지의 공시가격을 합한 금액이 80억원인 자는 종합부동산세를 납부할 의무가 있다.

32. 토지에 대한 종합부동산세는 종합합산과세대상, 별도합산과세대상 그리고 분리과세대상으로 구분하여 과세한다.

Answer

1. ○ 2. ○ 3. ○ 4. ○ 5. 공원자연환경지구 내 임야는 분리과세대상으로 종합부동산세 과세대상에 해당하지 아니한다. 6. ○ 7. ○ 8. ○ 9. ○ 10. 종합부동산세와 재산세(재산세는 별도합산대상토지와 종합합산대상토지의 경우에만 합산한다) 모두 세대별 합산하지 아니하고 소유자별로 과세한다. 11. 연령에 따른 세액공제는 1세대 1주택자의 경우에 한하여 적용한다. 12. 토지와 주택 모두 종합부동산세 세부담상한은 100분의 150이다. 13. ○ 14. 혼인한 날로부터 10년동안은 각각 1세대로 본다. 15. ○ 16. ○ 17. ○ 18. ○ 19. ○ 20. ○ 21. ○ 22. ○ 23. 종합부동산세는 물납은 적용하지 아니하지만 분납은 가능하다. 24. ○ 25. ○ 26. ○ 27. 혼인으로 인한 1세대 2주택의 경우 합산배제 신청대상 주택에 해당하지 아니한다. 28. ○ 29. ○ 30. 6월 1일 현재 기준으로 종합부동산세를 부과하기 때문에 6월 17일에 주택을 양도하였으므로 6월 1일 현재는 3주택이기 때문에 3주택으로 과세한다. 31. 80억원을 초과하는 자가 납세의무자이다. 32. 분리과세 대상 토지는 종합부동산세 과세대상이 아니다.

소득의 구분과 소득세의 과세방법

소득의 구분	소득세의 과세방법	
이자소득	종합소득세	종합과세
배당소득		
사업소득(부동산임대업, 건설업 등)		
근로소득		
연금소득		
기타소득		
퇴직소득	퇴직소득세	분류과세
양도소득	양도소득세	분류과세

▸ 양도소득은 종합소득 퇴직소득과 합산하지 아니하고 구분하여 계산한다.

핵심 01 | 소득세 납세의무자

구 분	개 념	납세의무의 범위
거주자	국내에 주소가 있거나 1과세기간 중 183일 이상 거소를 둔 자	국내, 국외 소득에 대하여 과세
비거주자	거주자가 아닌 자	국내 원천소득에 대하여만 과세

▸ 국외자산 양도에 대한 납세의무자 : 국내에 5년 이상 주소 또는 거소를 둔 자

납세지

거주자	주소지 또는 거소지
비거주자	사업장이 있는 경우 : 사업장 소재지
	사업장이 없는 경우 : 국내 원천소득이 발생한 장소

참고 과세근거의 학설
① 소득원천설 : 소득발생이 계속적 반복적으로 발생할 때 과세
② 순자산 증가설 : 소득발생의 원천과 관계없이 모든 소득(일시적 소득 포함)에 대하여 과세

▸ 현행 우리나라 소득세는 소득원천설을 사용하면서 일시적으로 발생하는 소득에 대하여도 과세하므로 순자산 증가설을 혼용하여 사용하고 있다.

▼ 과세기간

세 목		과세기간
소득세	원 칙	매년 1월 1일부터~12월 31일까지
	사 망	1월 1일부터~사망일까지
	출 국	1월 1일부터~출국일까지
법인세		사업연도(회계기간): 법령 정관 등이 정하는 기간
부가가치세, 지방소비세	1기	1월 1일부터~6월 30일까지
	2기	7월 1일부터~12월 31일까지

핵심 02 | 부동산 임대소득

부동산의 임대에 따른 소득으로 부동산 임대업으로서 사업소득에 포함한다.

(1) 대 상

① 부동산 또는 부동산상의 권리의 대여로 인하여 발생하는 소득
부동산상의 권리란 전세권과 임차권·지상권과 지역권을 말한다(단, 지상권·지역권의 경우 공익사업으로 인한 경우는 제외한다. 기타소득에 해당한다).

② 공장재단 또는 광업재단의 대여로 인하여 발생하는 소득
공장재단과 광업재단으로부터 기계장비 등을 별도로 임대하는 경우 임대소득에 해당하지 아니한다.

③ 광업권자, 조광권자 또는 덕대가 채굴에 관한 권리의 대여로 인하여 발생한 소득
분철료 등을 받는 경우는 임대소득에 해당하지 아니한다.

④ 자기 소유의 부동산을 타인의 담보물로 사용하게 하고 대가로 받은 소득

⑤ 광고용으로 사용되는 토지, 건물의 대가로 받은 소득

⑥ 부동산 매매업자 또는 건설업자가 판매목적으로 취득한 토지 등의 부동산을 일시적으로 대여하고 얻는 소득은 임대업으로 본다.

⑦ 묘지를 개발하여 분묘기지권을 설정하고 분묘설치자로부터 지료 등을 받는 것은 부동산 임대업으로 본다.
▸ **부동산 임대업의 소득금액 계산**
  소득금액 = (임대료 + 간주임대료 + 관리비수입 + 보험차익) - 필요경비

(2) 비과세 임대업의 소득

① 논, 밭을 작물생산에 사용하게 함으로 인하여 발생하는 소득

② 1주택의 주택임대소득(고가주택과 국외주택은 과세)

　　㉠ 고가주택이란 과세기간 종료일 또는 당해 주택의 양도일 현재 기준시가 12억원을 초과하는 주택을 말한다(양도소득세의 경우 실지거래가액이 12억원을 초과하는 주택).

　　㉡ 연간 임대소득이 2,000만원 이하인 경우 비과세를 하지 아니하고 분리과세와 종합과세 중 선택하여 적용할 수 있다.

　　㉢ 부동산 임대업에서 발생한 결손금은 종합소득 과세표준을 계산할 때 공제하지 아니한다. 다만, 주거용 건물 임대업에서 발생한 결손금은 공제한다.

(3) 비과세 주택 임대 소득의 주택 수 계산

① 다가구 주택은 1개의 주택으로 보되 구분 등기된 경우 각각을 1개의 주택으로 계산한다.

② 공동소유 주택은 지분이 가장 큰 자의 소유로 계산(지분이 가장 큰 사람이 2명 이상인 경우로서 그들이 합의하여 그들 중 1명을 해당 주택 임대수입의 귀속자로 정한 경우에는 그의 소유로 계산). 다만, 다음의 경우에는 공동소유의 주택을 소유하는 것으로 계산되지 않은 경우라도 그의 소유로 계산한다.

　　㉠ 해당 주택임대수입금액이 연간 6백만원 이상인 사람

　　㉡ 해당 공동 소유하는 주택의 기준시가가 12억원을 초과하는 경우로서 그 주택의 지분을 100분의 30을 초과·보유하는 사람

③ 임차 또는 전세 받은 주택을 전대하거나 전전세 하는 경우에는 당해 임차 또는 전세 받은 주택을 임차인 또는 전세 받은 자의 주택으로 계산한다.

④ 본인과 배우자가 각각 주택을 소유하는 경우에는 이를 합산한다. 다만, 공동소유하는 주택의 경우 다음에 따라 본인과 배우자 중 1명이 소유하는 주택으로 보아 합산한다.

　　㉠ 본인과 배우자 중 지분이 더 큰 사람의 소유로 계산

　　㉡ 본인과 배우자의 지분이 같은 경우로서 그들 중 1명을 해당 주택 임대수입의 귀속자로 합의해 정하는 경우에는 그의 소유로 계산

(4) 간주 임대료(주택을 대여하고 보증금 등을 받은 경우)

① 3주택(40m² 이하이고 기준시가 2억원 이하인 주택은 주택 수에서 제외) 이상을 소유

② 보증금 합계액이 3억원을 초과

▸ 위 ①과 ② 조건을 동시 충족하는 경우 대통령령이 정하는 바에 따라 계산한 금액을 총수입금액에 합산한다.

구 분		임대료	보증금
1주택	일반주택	비과세	과세 안함
	고가주택	과세	
	국외주택	과세	
2주택	월세 + 월세	과세	과세 안함
	전세 + 월세	월세만 과세	과세 안함
	전세 + 전세	과세 안함	과세 안함
3주택	전세 + 전세 + 월세	과세	보증금 합계 3억원 초과시 과세
	전세 + 전세 + 전세	과세 안함	보증금 합계 3억원 초과시 과세

(5) 수입시기

① 계약 또는 관습에 따라 지급일이 정해진 것 : 그 정해진 날

② 계약 또는 관습에 따라 지급일이 정해지지 않은 것 : 그 지급을 받은 날

핵심 03 ┃ 부동산 매매업

부동산의 매매(건물을 신축하여 판매하는 경우 포함) 또는 그 중개를 사업소득으로 나타내어 부동산을 판매하거나 사업상의 목적으로 1 과세기간 중에 1회 이상 부동산을 취득하고 2회 이상 판매하는 경우를 말한다.

(1) 매매업의 유형

① 자신의 토지 위에 상가 등을 신축하여 판매할 목적으로 건축 중인 건물과 토지를 제3자에게 양도한 경우

② 토지를 개발하여 주택지, 공업단지, 상가, 묘지 등으로 분할하여 판매한 경우

③ 신축판매가 아닌 기존주택을 매입하여 판매하는 것

☑참고 주택신축판매업(건설업) : 1동의 주택을 신축하여 판매하거나 건설업자에게 도급을 주어 주택을 신축하여 판매한 경우 등은 부동산 매매업이 아닌 주택신축 판매업에 해당한다.

핵심 04 　주택신축판매업(건설업)

(1) 주택신축판매업이란 주택을 건설하여 판매하는 사업을 말한다.

(2) 따라서 신축주택이 아닌 기존주택을 판매하는 것은 부동산 매매업으로 본다.

(3) 주택신축판매업의 범위

　① 1동의 주택을 신축하여 판매하여도 건설업으로 본다.

　② 건설업자에게 도급을 주어서 주택을 신축하여 판매하여도 건설업으로 본다.

　③ 종전부터 소유하던 자기의 토지 위에 주택을 신축하여 주택과 함께 토지를 판매하는 경우 그 토지의 양도로 인한 소득은 건설업으로 본다.

　④ 시공 중인 주택을 양도하는 경우에는 그 주택의 시공 정도가 건축법상 건축물에 해당하는 때에는 건설업으로 본다.

　⑤ 신축한 주택이 판매되지 아니하여 판매될 때까지 일시적으로 일부 또는 전부를 임대한 후 판매하는 경우에도 당해 주택의 판매사업은 건설업으로 본다.

빈출지문

1. 지상권 지역권(공익사업과 관련된 경우는 제외)을 대여함으로써 발생하는 소득은 부동산 임대소득에 해당한다.

2. 미등기 부동산을 임대하고 그 대가로 받는 것은 부동산임대소득이 아니다.

3. 자기소유의 부동산을 타인의 담보로 사용하게 하고 그 사용대가로 받는 것은 부동산 임대소득에 해당한다.

4. 국외소재 주택을 임대하고 그 대가로 받는 것은 부동산 임대소득이 아니다.

5. 주택을 임대하면서 받은 보증금의 간주임대료는 과세되지 아니한다. 다만, 3주택 이상인 자의 보증금 등이 3억원을 초과하는 경우는 그러하지 아니하다.

6. 만일 당해 주택이 국외에 소재하는 경우라면 주택임대로 인하여 발생하는 소득은 주택 수에 관계없이 과세된다.

7. 주택임대로 인하여 발생하는 소득에 대한 비과세 여부를 판단함에 있어서 甲과 그 배우자가 각각 주택을 소유하는 경우, 이를 합산하여 주택수를 계산한다.

8. 거주자의 주택 임대소득의 비과세 및 총수입금액에 관하여 임대하는 국내소재 1주택의 비과세 여부 판단시 가액은 「소득세법」상 기준시가 9억원을 기준으로 판단한다.

9. 거주자의 주택 임대소득의 비과세 및 총수입금액에 관하여 「소득세법」상 기준시가 5억 원인 국외소재 1주택을 임대하는 경우에는 비과세된다.

10. 거주자의 주택임대소득의 비과세 및 총수입금액에 관하여 국내소재 3주택을 소유한 자가 받은 주택 임대보증금의 합계액이 4억원인 경우, 그 보증금에 대하여 법령에서 정한 산식으로 계산한 금액을 총수입금액에 산입한다.

11. 과세기간 종료일 현재 소유 중인 국내소재 주택에 대한 주택임대소득의 비과세 여부 판단의 경우 기준시가는 과세기간 개시일을 기준으로 한다.

12. 주택 2채와 상업용 건물에 2개에 대해 보증금을 받은 경우 2개의 상업용 건물에 대하여만 법령으로 정하는 바에 따라 계산한 간주임대료를 사업소득 총수입금액에 산입한다.

13. 사업자가 부동산을 임대하고 임대료 외에 전기료·수도료 등 공공요금의 명목으로 지급받은 금액이 공공요금의 납부액을 초과할 때 그 초과하는 금액은 사업소득 총수입금액에 산입한다.

14. 2주택을 전세금을 받고 임대하여 얻은 소득에 대하여는 소득세가 과세되지 아니한다.

15. 주택 2채를 소유한 거주자가 1채는 월세계약으로 나머지 1채는 전세계약의 형태로 임대한 경우, 월세계약에 의하여 받은 임대료의 경우에만 소득세가 과세된다.

16. 거주자의 보유주택 수를 계산함에 있어서 다가구주택은 1개의 주택으로 보되, 구분 등기된 경우에는 각각을 1개의 주택으로 계산한다.

17. 주택의 임대로 인하여 얻은 과세대상 소득은 사업소득으로서 해당 거주자의 종합소득금액에 합산된다.

18. 주택을 임대하여 얻은 소득은 거주자가 사업자등록을 한 경우에 한하여 소득세 납세의무가 있다.

Answer

1. ○ 2. 미등기 부동산을 임대한 경우에도 부동산 임대소득에 해당한다. 3. ○ 4. 국외 소재 주택을 임대한 경우에도 부동산 임대소득에 해당한다. 5. ○ 6. ○ 7. ○ 8. 기준시가가 12억원을 초과하는 경우 고가주택으로 부동산 임대소득에 대한 비과세를 적용하지 아니한다. 9. 국외 주택의 경우 비과세를 적용하지 아니한다. 10. ○ 11. 과세기간 종료일 현재를 기준으로 고가주택 여부를 판단한다. 12. ○ 13. ○ 14. ○ 15. ○ 16. ○ 17. ○ 18. 사업자등록 여부와 관계없이 과세한다.

Chapter 03 양도소득세

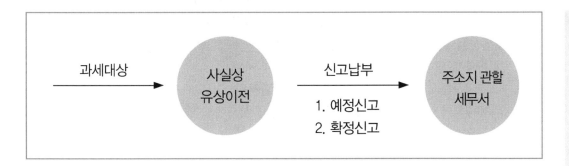

과세대상 → 사실상 유상이전 → 신고납부
1. 예정신고
2. 확정신고
→ 주소지 관할 세무서

의미 및 과세대상

1. 양도소득세의 특징

① 종합소득과 퇴직소득의 과세표준과 구분하여 별도로 과세

② 분류과세, 유통세, 신고납세제도, 분납

③ 일시적, 우발적인 양도로 인해 발생하는 소득에 대하여 과세

④ 부동산 양도로 인한 사업소득과의 구분
  ▶ **부동산 매매업, 주택신축판매업 등의 양도차익 : 사업소득으로 종합소득에 합산과세**

⑤ 개별과세(개인별 소득 합산)

2. 납세지

거주자	주소지 또는 거소지	
비거주자	사업장이 있는 경우	사업장 소재지
	사업장이 없는 경우	국내 원천소득이 발생한 장소

3. 과세대상

(1) 토지와 건물

① 토지 : 공간정보의 구축 및 관리에 관한 법률에 의하여 지적공부에 등록하여야 할 지목에 해당하는 것을 말한다.

② 건물 : 등기 · 등록, 허가 등과 관계없이 과세하며 사실상의 용도에 따라 과세한다.

(2) 부동산에 관한 권리

  ① 지상권, 전세권, 등기된 부동산 임차권

    ㉠ 지상권과 전세권은 등기되지 아니한 것도 과세대상에 해당된다.

    ㉡ 부동산 임차권은 등기된 것에 한하여 과세가 된다.

    ▸ 지상권 전세권 부동산 임차권은 등기된 경우에만 과세대상이고 미등기의 경우 과세대상이 아니다 : ×
      ⇨ 임차권을 제외하고 등기여부와 관계없이 과세대상이 된다.

  ② 부동산을 취득할 수 있는 권리

    ㉠ 아파트 당첨권, 분양권, 입주자로 선정된 지위

    ㉡ 토지상환채권(토지개발채권 ×), 주택상환사채

    ㉢ 매매계약을 체결한 자가 계약금만 지급한 상태에서 양도하는 권리

    ㉣ 공유수면 매립허가권

    ㉤ 주택청약예금증서 등

(3) 주식 또는 출자 지분

  ① 비상장, 미등록된 법인주식

  ② 대주주가 양도하는 주식

(4) 기타자산

  ① 사업에 사용하는 토지 건물 및 부동산에 관한 권리와 **함께** 양도하는 **영업권**

  ② 특정 시설물 이용회원권 : 이용회원권의 성격이 내포된 주식을 포함한다.

  ③ 특정 법인주식 및 지분

  ④ 특수 업종 영위 부동산 과다보유 법인의 주식

  ⑤ 토지와 건물과 **함께** 양도하는 **이축권**(다만, 이축권 가액을 **별도로 평가**하여 구분 신고하는 경우에는 기타소득으로 과세)

(5) 파생상품 등

(6) 신탁수익권

❤ 과세대상 종합

구 분	양도소득세 과세대상	과세대상 제외
부동산 등	① 토지 및 건물 ② 부동산에 관한 권리 　㉠ 지상권·전세권 및 등기된 부동산임차권 　㉡ 부동산을 취득할 수 있는 권리	① 지역권 ② 기계장비 ③ 미등기된 부동산 임차권
	③ 기타자산 　㉠ 특정주식 　㉡ 부동산과다보유법인의 주식 　㉢ 특정시설물 이용권·회원권 　㉣ 사업에 사용하는 토지 건물 및 부동산에 관한 권리와 함께 양도하는 영업권 　㉤ 토지 건물과 함께 양도하는 이축권	① 영업권을 단독으로 양도하는 경우 ② 이축권을 별도로 평가하여 신고하는 경우
기 타	④ 주식(출자지분과 신주인수권 포함) ⑤ 파생상품 ⑥ 신탁수익권	—

📝참고 분양권과 입주권 비교

구 분	주 택	주택수 포함	취득세	양도세	장기보유특별공제	양도소득기본공제
입주권	×	○	×	○	○	○
분양권	×	○	×	○	×	○

① 장기보유특별공제 적용시 보유기간 : 토지 건물 취득일로부터 **관리처분계획인가일**까지
② 조합원 입주권의 경우 조합원으로부터 승계취득의 경우 장기보유특별공제를 적용하지 아니한다.
③ 분양권은 장기보유특별공제 대상이 아니다.
④ 세율 적용 : 입주권의 경우 누진세율(6%~45%)을 적용하지만 분양권의 경우 누진세율을 적용하지 아니한다.

빈출지문

1. 거주자가 양도일까지 계속하여 국내에 5년 이상 주소 또는 거소를 둔 경우 국외에 있는 토지의 양도로 인하여 발생하는 소득에 대하여 양도소득세 납세의무가 있다.

2. 비거주자는 국외에 있는 건물의 양도로 인하여 발생하는 소득에 대하여 양도소득세 납세의무가 있다.

3. 시설물을 배타적으로 이용하거나 일반이용자에 비하여 유리한 조건으로 시설물을 이용할 수 있는 권리가 부여된 주식의 양도로 인하여 발생하는 소득은 양도소득에 해당한다.

4. 소득세법상 양도소득의 과세대상 자산을 모두 고르시오. (단, 거주자가 국내 자산을 양도한 것으로 한정함)

   ㉠ 지역권
   ㉡ 등기된 부동산임차권
   ㉢ 건물이 완성되는 때에 그 건물과 딸린 토지를 취득할 수 있는 권리
   ㉣ 영업권(사업에 사용하는 토지 건물 및 부동산에 관한 권리와 분리되어 양도되는 것)
   ㉤ 전세권

5. 무상이전에 따라 소유권이 이전되는 경우에는 양도소득세 과세대상이 되지 아니한다.

6. 등기되지 않은 부동산임차권은 양도소득세 과세대상이다.

7. 토지 및 건물과 함께 양도하는 개발제한구역의 지정 및 관리에 관한 특별조치법에 따른 이축권(해당 이축권의 가액을 대통령령으로 정하는 방법에 따라 별도로 평가하여 신고함)은 양도소득세 과세대상이 아니다.

8. 부동산매매계약을 체결한 자가 계약금만 지급한 상태에서 양도하는 권리는 양도소득세 과세대상이다.

Answer

1. ○ 2. 비거주자는 국내 소득에 한하여 납세의무가 있다. 3. ○ 4. ㉡, ㉢, ㉤ : 영업권의 경우 사업에 사용하는 토지 건물 및 부동산에 관한 권리와 함께 양도되는 것만 과세대상이다. 5. ○ 6. 등기된 부동산 임차권의 경우에 양도소득세 과세대상이고 미등기된 부동산 임차권은 양도소득세 과세대상이 아니다. 7. 이축권의 가액을 대통령령으로 정하는 방법에 따라 별도로 평가하여 신고한 경우 기타소득에 해당한다. 8. ○

핵심 02 양도의 개념

"양도"란 자산에 대한 등기 또는 등록과 관계없이 매도, 교환, 법인에 대한 현물출자 등을 통하여 그 자산을 유상(有償)으로 사실상 이전하는 것을 말한다.

(1) 양도에 해당하는 것

1) 매도	2) 교환
3) 법인에 대한 현물출자	4) 대물변제
5) 부담부증여	6) 수용
7) 기타 양도로 보는 경우	

① 매도 : 공매, 경매 등도 포함

② 교환 : 당사자 쌍방이 금전 외의 재산권을 이전할 것을 약정함으로 성립하는 계약

③ 법인에 대한 현물출자 : 개인이 자산을 법인에 출자하고 주식을 교부 받는 것
  ▸ 법인이 아닌 조합에 현물출자도 유상이전으로 양도에 해당한다.
  ▸ 법인이 아닌 자가 자기 개인사업체에 출자하는 경우는 양도로 보지 아니한다.

④ 대물변제 : 금전채무에 갈음하여 양도소득세 과세대상을 이전한 경우
  ㉠ 공사비에 갈음하여 과세대상을 이전하는 경우
  ㉡ 손해배상의 위자료에 갈음하여 과세대상을 이전하는 경우
  ㉢ 이혼위자료에 갈음하여 과세대상을 이전하는 경우
    ▸ 민법 제839조의2에 따라 재산분할청구권에 의한 이전은 양도로 보지 아니한다.
  ㉣ 공사비에 갈음하여 과세대상의 토지를 이전하는 경우

⑤ 부담부증여 : 증여자의 채무를 수증자가 부담하는 조건으로 증여하는 행위

구 분			유 형
일반적인 경우	채무액		유상
	채무 외		증여
배우자 또는 직계존비속	채 무	원 칙	증여
		입증되는 경우 ㉠ 공매(경매) ㉡ 파산선고 ㉢ 교환 ㉣ 대가지급 : 소득, 재산 처분·담보 등	유상
	채무 외		증여

⑥ 수용(공용징수) 등으로 이전된 경우

⑦ 기타 양도로 보는 경우(대법원 판례와 통칙)

> ㉠ 대물변제에 따른 토지의 양도 부분
> ㉡ 공동소유의 건물을 층별로 분할등기하면서 공유지분이 변경되는 경우에는 양도로 본다.
> ㉢ 대물변제로 소유권이전등기를 해 준 경우에는 양도로 본다.
> ㉣ 임의경매절차에 의해 부동산의 소유권이 사실상 유상으로 이전된 경우에 양도로 본다.
> ㉤ 토지를 매수하는데 금원을 출자하였다가 동 토지의 매각 후 그 출자액 이상을 환급받은 경우에는 양도로 본다.
> ㉥ 적법하게 소유권이전 된 매매계약이 계약 해제를 원인으로 당초 소유자 명의로 소유권 환원된 경우에는 양도로 본다.

(2) 양도로 보지 않는 경우

1) 무상이전	2) 환지처분 및 보류지 충당
3) 양도담보	4) 공유물 분할
5) 명의신탁해지	6) 증여추정, 의제

① 무상이전 : 상속, 증여, 기부

② 환지처분 및 보류지 충당
  ▶ 환지받은 토지나 보류지 등을 처분하는 경우는 양도로 본다.

③ 양도담보 : 다음의 요건을 갖춘 계약서 사본을 첨부하여 신고하면 양도로 보지 않는다.
  ㉠ 당사자 간에 채무의 변제를 위하여 양도한다는 의사표시가 있을 것
  ㉡ 당해 자산을 채무자가 원래대로 사용 수익한다는 의사표시가 있을 것
  ㉢ 원금, 이자율, 변제기한, 변제방법 등에 관한 약정이 있을 것
  ▶ 양도담보 계약 후 채무불이행으로 인하여 변제에 충당되는 때에는 양도로 본다.

④ 공유물 분할
  ㉠ 공동소유의 토지를 소유지분별로 단순히 분할하거나, 공유하던 토지를 공유자 지분변경 없이 2개 이상의 공유토지로 분할하였다가 소유지분별로 단순히 재분할하는 경우에는 양도로 보지 않는다.
  ㉡ 소유지분별로 분할하면서 그 공유지분이 변경(지분 감소로 변경)되는 경우에는 변경되는 부분은 유상이전으로 보아 양도로 본다.

⑤ 배우자 또는 직계존비속 간의 양도 : 원칙은 증여로 추정되는 것이나 그 대가를 지출한 사실이 다음과 같이 입증되는 경우에는 양도로 본다(**파 경 대 교**).

> ㉠ 법원의 결정으로 경매절차에 따라 처분된 경우
> ㉡ 파산선고로 인하여 처분된 경우
> ㉢ 국세징수법에 따라 공매된 경우
> ㉣ 배우자 등에게 대가를 받고 양도한 사실이 명백히 인정되는 다음의 경우
>   ⓐ 권리의 이전이나 행사에 등기나 등록을 요하는 재산을 서로 교환하는 경우
>   ⓑ 당해 재산의 취득을 위하여 이미 과세 받았거나 신고한 소득금액 또는 상속 및 수증재산의 가액으로 그 대가를 지급한 사실이 입증되는 경우
>   ⓒ 당해 재산의 취득을 위하여 소유재산을 처분한 금액으로 그 대가를 지출한 사실이 입증되는 경우

⑥ 소유권의 환원 : 매매원인 무효판결에 의하여 소유권이 환원되는 경우 양도로 보지 아니한다.
  ▸ 적법하게 성립된 계약이 당사자 간의 합의에 따라 해제됨으로써 당초 소유자에게 환원된 경우에는 이를 또 다른 양도로 본다.

⑦ 법원의 확정판결에 의한 신탁해지로 인한 소유권 이전

⑧ 지적경계선 변경을 위한 토지의 교환
  ㉠ 토지 이용상 불합리한 지상 경계를 합리적으로 바꾸기 위하여 공간정보의 구축 및 관리 등에 관한 법률에 따른 토지를 분할하여 교환할 것
  ㉡ ㉠에 따라 분할된 토지의 면적이 분할 전 토지의 전체 면적의 20%를 초과하지 아니할 것

⑨ 위탁자와 수탁자 간 신임관계에 기하여 위탁자의 자산에 신탁이 설정되고 그 신탁재산의 소유권이 수탁자에게 이전된 경우로서 위탁자가 신탁설정을 해지하거나 신탁의 수익자를 변경할 수 있는 등 신탁재산을 실질적으로 지배하고 소유하는 것으로 보는 경우

⑩ 기타 양도로 보지 않는 경우

> ㉠ 법원의 확정판결에 의하여 신탁해지를 원인으로 소유권이전등기를 하는 경우에는 양도로 보지 않는다.
> ㉡ 명의신탁은 등기이전의 원인이 매매·교환 등으로 되어있다 하더라도 유상으로 이전한 것이 아니므로 양도가 아니다. 또한 명의신탁이 해지되어 신탁자의 명의로 소유권이전등기가 경료된 경우에도 양도가 아니다.
> ㉢ 합자회사에 토지를 현물 출자하였다가 퇴사하면서 그대로 찾아 가지고 나온 경우 양도로 보지 아니한다.
> ㉣ 환매계약에 따른 환매기간 내 환매권을 행사하여 부동산의 소유권을 환원 등기하는 것은 양도로 보지 아니한다.
> ㉤ 채권담보 목적으로 소유권이전등기를 하였다가 담보사유소멸로 환원한 경우 양도로 보지 아니한다.
> ㉥ 교환계약이 취소되었으나 선의의 제3취득자로 인해 소유권이전등기를 환원하지 못하는 경우 양도로 보지 아니한다.

❤ 양도로 보는 경우와 양도로 보지 않는 경우 연습

구 분			양도 ○	양도 ×
매매 등 유상이전				
상속, 증여 등 무상이전				
경매·공매	원 칙			
경매·공매	소유자산을 경매·공매로 자기가 재취득하는 경우			
교 환	원 칙			
교 환	공간법상 지적경계선 변경을 위한 토지의 분할			
현물출자				
대물변제				
환지처분 보류지	환지처분으로 지목 또는 지번이 변경되는 경우			
환지처분 보류지	환지처분으로 권리면적이 감소된 경우			
이 혼	위자료			
이 혼	재산분할			
수 용				
부담부증여	증여가액 중 그 채무액에 상당하는 부분			
부담부증여	배우자 직계존비속	원 칙		
부담부증여	배우자 직계존비속	양도라는 사실을 입증한 경우		
양도담보	원 칙			
양도담보	계약체결 후 요건에 위배, 채무불이행으로 변제에 충당한 경우			
배우자 또는 직계존비속에 대한 양도	원 칙			
배우자 또는 직계존비속에 대한 양도	양도라는 사실을 입증한 경우			
법원의 확정판결에 의한 신탁해지				
공유물 분할	공유자 지분 변경 없이 분할			
공유물 분할	공유자 공동지분이 변경되는 경우			
환 원	매매원인 무효의 소로 환원된 경우			
환 원	적법하게 체결된 계약이 당사간 합의로 해제			
사업적 양도	건설업자가 주택을 양도하는 경우			
사업적 양도	부동산매매업자가 토지 등을 양도하는 경우			

빈출지문

1. 공유 토지를 공유자 지분 변경 없이 2개 이상의 공유토지로 분할한 때에는 양도로 보지 아니하는 것이나, 분할한 그 공유 토지를 소유지분별로 재분할하는 경우에는 이를 양도로 본다.

2. 도시개발법에 의한 도시개발사업의 시행자가 도시개발법에 의하여 취득한 보류지를 매각하는 경우에는 이를 양도로 보지 아니한다.

3. 양도라 함은 매도, 교환, 법인에 대한 현물출자 등으로 그 자산이 유상으로 이전되는 것으로서, 소유권 이전을 위한 등기 또는 등록을 과세의 조건으로 한다.

4. 배우자간의 부담부증여에 있어서 수증자가 인수한 증여자의 채무액은 증여재산가액에서 공제하지 아니하고 증여세가 과세되므로, 항상 양도로 보지 아니한다.

5. 법정요건을 갖춘 양도담보계약에 의하여 소유권을 이전한 경우에는 이를 양도로 보지 아니하되, 채무불이행으로 변제에 충당한 때에는 이를 양도한 것으로 본다.

6. 도시개발법 기타 법률의 규정에 의한 환지처분으로 지목 또는 지번이 변경된 경우에는 양도에 해당되지 아니한다.

7. 甲, 乙, 丙이 균등으로 공동 소유한 토지를 甲 40%, 乙 30%, 丙 30% 지분으로 분할한 경우에는 양도소득세가 과세된다.

8. 협의이혼의 위자료로 토지의 소유권을 이전해 준 경우는 양도에 해당한다.

9. 소득세법상 양도소득세 과세대상이 아닌 것을 모두 고르시오.

> ㉠ 「도시개발법」에 따라 토지의 일부가 보류지로 충당되는 경우
> ㉡ 지방자치단체가 발행하는 토지상환채권을 양도하는 경우
> ㉢ 이혼으로 이하여 혼인 중에 형성된 부부공동재산을 「민법」 제839조의2에 따라 재산분할하는 경우
> ㉣ 개인이 토지를 법인에 현물출자하는 경우
> ㉤ 주거용 건물건설업자가 당초부터 판매할 목적으로 신축한 다가구주택을 양도하는 경우

10. 매매원인 무효의 소에 의하여 그 매매사실이 원인무효로 판시되어 소유권이 환원되는 경우 양도에 해당한다.

11. 부담부증여시(배우자 직계존비속이 아님) 그 증여가액 중 채무액에 해당하는 부분을 제외한 부분은 양도로 보지 아니한다.

12. 법원의 확정판결에 의한 이혼위자료로 배우자에게 토지의 소유권을 이전하는 경우는 양도행위로 본다.

13. 본인 소유자산을 경매 공매로 인하여 자기가 재 취득하는 경우 양도행위가 아니다.

Answer

1. 공유물 분할의 경우 지분 변동이 없는 경우 단순분할과 재분할하는 경우 모두 양도로 보지 아니한다. 2. 보류지로 충당하는 경우에는 양도로 보지 않지만 매각하는 경우에는 양도로 본다. 3. 양도란 개인 등기 등록과 무관하게 사실상 유상이전하는 것을 말한다. 4. 대가관계가 객관적으로 입증되는 경우에는 양도로 볼 수 있다. 5. ○ 6. ○ 7. ○ 8. ○ 9. ㉠, ㉢ : 양도로 보지 아니한다. ㉣ : 부동산 매매업으로 보아 종합소득세를 과세한다. 10. 양도로 보지 아니한다. 11. ○ 12. ○ 13. ○

핵심 03 **양도 또는 취득시기**

(1) 매매 등 일반적인 거래

① 원칙 : 사실상 대금청산일(사실상의 모든 잔금을 주고받은 날을 말하며, 계약서상 잔금지급일보다 앞당겨 잔금을 받거나 늦게 받은 경우에도 계약상 잔금지급일과 관계없이 사실상 잔금지급일을 양도일로 본다)

▶ 당해 자산의 양도에 대한 양도소득세와 부가세를 양수자가 부담하기로 약정한 경우 당해 양도소득세 및 부가세액은 대금청산일 판단시 제외한다.

② 예외 : 등기 · 등록접수일 또는 명의개서일

㉠ 대금 청산한 날이 분명하지 아니한 경우

㉡ 대금을 청산하기 전에 소유권이전등기를 한 경우

(2) 장기할부조건의 매매

소유권이전등기 접수일, 인도일, 사용수익일 **중 빠른 날**

(3) 수 용

대금청산일, 수용개시일, 소유권이전등기 접수일 **중 빠른 날**

▶ 단, 보상금 공탁의 경우 소송 확정 판결일

(4) 자가 건설 건축물

① 허가받은 건축물 : 사용승인서 교부일

② 사용승인서 교부일전에 사실상 사용하거나 임시사용승인을 받은 경우 : 사실상의 사용일 또는 임시사용승인을 받은 날 중 **빠른 날**

③ 허가받지 않은 건축물 : 사실상의 사용일

(5) 상속과 증여

① 상속 : 상속이 개시된 날(다만, 세율 적용시 피상속인 취득한 날)

② 증여 : 증여를 받은 날(취득세 - 계약일 / 배우자이월과세 : 증여자의 취득일)

(6) 대금 청산일까지 그 목적물이 미완성 미확정 자산

목적물의 완성 또는 확정된 날

(7) 환지처분으로 인하여 취득한 토지

　① 원칙 : 환지 전 토지 취득일

　② 예 외

　　교부받은 토지의 면적이 환지처분에 의한 권리면적보다 증가 또는 감소된 토지의 경우는 환지처분공고일 다음 날이다.

(8) 점유에 의한 시효취득시기

　당해 부동산의 점유를 개시한 날(취득세는 등기일)

(9) 취득시기의 의제

　① 토지, 건물 부동산에 관한 권리, 기타자산의 의제취득일 : 1984년 12월 31일 이전에 취득한 것은 1985년 1월 1일 취득한 것으로 본다.

　② 주식 또는 출자지분 : 1985년 12월 31일 이전에 취득한 것은 1986년 1월 1일 취득한 것으로 본다.

(10) 기타의 양도 또는 취득시기

　① 잔금을 어음으로 받은 경우 : 어음 결제일

　② 경락에 의해 자산을 취득하는 경우 : 경매대금을 완납한 날

　③ 매매원인 무효로 환원된 토지의 취득일 : 당초 그 자산의 취득일

(11) 토지거래 허가 대상 토지의 양도시기 : 사실상 대금청산일

(12) 양도 자산의 취득시기가 분명하지 않은 경우 : 먼저 취득한 자산을 먼저 양도한 것으로 본다.

구 분		양도 및 취득시기
원 칙		
대금청산일이 불분명한 경우		
대금청산 전에 소유권 이전 등기		
장기할부조건		
공익사업을 위하여 수용되는 경우		
자기가 건설한 건축물	허가 받음	
	허가 받지 않음	
상속으로 취득		
증여로 취득		

구 분		양도 및 취득시기
공익사업을 위하여 수용되는 경우		
완성 또는 확정되지 아니한 자산을 양도 또는 취득한 경우		
환지처분	원 칙	
	증감된 토지	
법원의 무효판결로 환원		
시효취득		
경락에 의한 취득		
취득시기 의제	부동산 등	
	주식 등	

▼ 취득세와 양도소득세의 취득시기 비교

구 분	취득세	양도소득세
유상승계취득	① 원칙 : 사실상 잔금지급일 ② 예외 : 사실상 잔금지급일 확인 × 　㉠ 계약상 잔금지급일 　㉡ 계약상 잔금지급일 확인× : 계약일로부터 60일 경과되는 날	① 원칙 : 대금청산일 ② 예외 : 등기·등록접수일 　㉠ 대금청산일이 불분명한 경우 　㉡ 대금청산 전에 등기·등록한 경우
무상승계취득	① 상속 : 상속이 개시된 날 ② 증여 : 계약일	① 상속 : 상속이 개시된 날 ② 증여 : 증여 받은 날
연부취득 (장기할부)	사실상 연부금 지급일	소유권이전등기 접수일, 인도일 또는 사용수익일 중 빠른 날
건축물 건축	사용승인서(임시사용승인일 포함)를 내주는 날 또는 사실상 사용일 중 빠른 날	① 허가받은 건축물 　㉠ 원칙 : 사용승인서 교부일 　㉡ 예외 : 사실상사용일·임시사용승인일 ② 무허가 건축물 : 사실상의 사용일
시효취득	등기 또는 등록일	점유개시일

빈출지문

1. 부동산의 소유권이 타인에게 이전되었다가 법원의 무효판결에 의하여 당해 자산의 소유권이 환원되는 경우 당해 자산의 취득시기는 법원의 확정판결일이 양도 또는 취득시기이다.

2. 건축허가를 받지 아니하고 건축하는 건축물에 있어서는 그 사실상의 사용일을 취득시기로 본다.

3. 경매에 의하여 자산을 취득하는 경우에는 경매인이 매각조건에 의하여 경매대금을 완납한 날을 취득시기로 한다.

4. 대금청산일은 실제로 청산할 대금의 전부를 주고받은 날을 말한다.

5. 목적물이 완성되지 않은 자산을 취득한 경우 당해 자산의 대금을 완납하였다면 대금완납일을 취득시기로 본다.

6. 환지처분으로 권리면적이 증가한 경우의 취득시기는 환지처분공고일의 다음 날이다.

7. 장기할부조건의 경우에는 소유권이전등기 접수일·인도일 또는 사용수익일 중 빠른 날이 양도 또는 취득시기이다.

8. 대금을 청산한 날이 분명하지 아니한 경우에는 등기부·등록부 또는 명부 등에 기재된 등기·등록접수일 또는 명의개서일이 취득 또는 양도시기이다.

9. 증여에 의하여 취득한 자산은 증여를 받은 날을 취득시기로 본다.

10. 「공익사업을 위한 토지 등의 취득 및 보상에 관한 법률」에 따라 공익사업을 위하여 수용되는 경우에는 사업인정고시일을 양도시기로 본다.

11. 상속에 의하여 취득한 자산은 상속개시일을 취득시기로 본다.

Answer

1. 그 자산의 당초 취득일이다. 2. ○ 3. ○ 4. ○ 5. 그 목적물이 완성 또는 확정된 날을 취득일로 본다. 6. ○ 7. ○ 8. ○ 9. ○ 10. 대금청산일, 소유권이전등기 접수일, 수용개시일 중 빠른 날이다. 11. ○

핵심 04 양도소득세 계산구조

❥ 양도소득세 계산구조

| 양도가액 | • 원칙: 실지거래가격 　　• 예외: 추계결정가액 |

−

| 필요경비 | • 취득가액, 자본적 지출, 양도비용 또는 필요경비개산공제 |

↓

| 양도차익 |

−

| 장기보유특별공제 | • 3년 이상 보유하고 양도하는 토지, 건물 및 조합원입주권. 거주자, 비거주자 모두 적용 |

↓

| 양도소득금액 | • 결손금은 소득별로 통산한다. |

−

| 양도소득기본공제 | • 소득별(부동산 등/주식 등/파생상품/신탁수익권)로 각각 연 250만원 (미등기 자산은 제외)/거주자, 비거주자 모두 적용 |

↓

| 양도소득과세표준 |

×

| 세　율 | • 초과누진세율(6 ~ 45%)/비례세율 |

↓

| 산출세액 |

📝참고

• 토지를 미등기 양도하는 경우 양도차익과 양도소득금액과 과세표준이 동일하다. : ○
  (미등기의 경우 장기보유특별공제와 기본공제를 받을 수 없기 때문이다)
• 양도소득금액 계산시 마지막 공제항목은 양도소득기본공제이다. : ✕
  장기보유특별공제는 양도소득금액계산시 마지막 공제항목이고 기본공제는 과세표준 계산시 마지막 공제항목에 해당한다.
• 양도소득세 과세표준을 감소시키는 항목은 필요경비, 장기보유특별공제, 양도소득기본공제이다.

1. 양도가액과 취득가액의 구분

양도차익을 계산할 때 양도가액을 실지거래가액(매매사례가액·감정가액이 적용되는 경우 그 매매사례가액·감정가액 등을 포함한다)에 따를 때에는 취득가액도 실지거래가액(매매사례가액·감정가액·환산취득가액이 적용되는 경우 그 매매사례가액·감정가액·환산취득가액 등을 포함한다)에 따르고, 양도가액을 기준시가에 따를 때에는 취득가액도 기준시가에 따른다.

구 분	원 칙	예 외
양도가액	실지거래가액	추계결정(매 − 감 − 기)
취득가액	실지거래가액	추계결정가액(매 − 감 − 환 − 기)
자본적 지출, 양도비	자본적 지출, 양도비	필요경비개산공제

☑참고 추계결정가액의 적용순서
① 취득가액 : **매**매사례가액 ⇨ **감**정가액 ⇨ **환**산취득가액 ⇨ **기**준시가
② 양도가액 : **매**매사례가액 ⇨ **감**정가액 ⇨ **기**준시가

✔주의
① 추계조사 결정 경정은 취득가액과 양도가액 모두 적용순서가 바뀌면 안 된다.
② 환산**취득**가액은 **취득**가액의 경우에만 적용되고 양도가액의 경우 적용하지 아니한다.
③ 취득가액을 추계결정하는 경우 자본적 지출액과 양도비 대신 필요경비개산공제를 적용한다.

(1) 취득가액을 추계조사 결정 경정에 의하는 경우 양도차익 계산

> 양도가액 − 필요경비(취득가액 + 필요경비개산공제) = 양도차익

① 기준시가

구 분		기준시가
토 지	일반지역	개별공시지가
	지정지역	개별공시지가 × 배율(국세청장 고시)
건 물	일반건물	국세청장 산정고시 가액(매년 1회 이상 건물에 대해서만 평가)
	지정지역 내 오피스텔 및 상업용 건물	국세청장 − 토지와 건물 일괄 산정 고시가액(매년 1회 이상)
주 택	단독주택	개별주택가격
	공동주택	공동주택가격

② 필요경비 개산공제(추계조사 결정 경정시 적용)

토 지	취득당시의 기준시가 × 3%(미등기 0.3%)
건 물	취득당시 기준시가 × 3%(미등기 0.3%)
지상권, 전세권, 등기된 부동산 임차권	취득당시 기준시가 × 7%
부동산을 취득할 수 있는 권리, 주식 등 기타자산	취득당시 기준시가 × 1%

③ 취득가액을 환산취득가액을 적용하는 경우 필요경비 최소화

> 취득가액을 환산취득가액으로 하는 경우로서 ㉠의 금액이 ㉡의 금액보다 적은 경우에는 ㉡의 금액을 필요경비로 할 수 있다.
> ㉠ 환산취득가액과 필요경비개산공제의 합계액
> ㉡ 실제 발생한 자본적 지출과 양도비용의 합계액

(2) 양도가액 및 취득가액 특례

① 양도가액은 그 자산의 양도당시 양도자와 양수자 간에 실지거래가액에 따른다.

② 특수관계인과의 거래에 있어서 토지 등을 시가를 초과하여 취득하거나 시가에 미달하게 양도함으로써 조세의 부담을 부당하게 감소시킨 것으로 인정되는 때에는 그 취득가액 또는 양도가액을 시가에 의하여 계산한다.

③ 토지 건물을 양도하고 예정신고 또는 확정신고를 하지 아니한 경우 부동산 등기법에 따라 등기부에 기재된 거래가액을 실지거래가액으로 할 수 있다.

④ 상속 및 증여자산의 경우는 상속세 및 증여세법에 따라 평가한 가액을 취득당시 실지거래가액으로 한다.

⑤ 배우자 등으로부터 증여받은 토지 건물 특정시설물이용권 부동산을 취득할 수 있는 권리를 10년 이내 양도하는 경우 당해 배우자 등의 취득당시가액으로 한다.

2. 양도차익의 계산

(1) 실지거래가액에 의한 양도차익 계산

실지양도가액(총수입금액) − 필요경비(실지취득가액 + 자본적 지출 + 양도비)

① 실지 취득가액
  ㉠ 매입가액, 건설가액
  ㉡ 취득세, 등록면허세 등 취득 관련 조세와 공과금
  ㉢ 중개보수 등 취득 관련 부대비용
  ㉣ 취득 관련 쟁송시 소송과 화해비용
  ㉤ 현재가치할인차금
  ㉥ 약정에 따른 이자상당액

② 자본적 지출액
　㉠ 내용연수를 연장하거나 가치를 증가시키는 수선비
　㉡ 양도자산을 취득한 후 쟁송이 있는 경우 소유권을 확보하기 위하여 직접 소요된 소송비용, 화해비용 등의 금액으로서 지출한 연도의 사업소득 계산상 필요경비에 산입되지 아니한 금액
　㉢ 양도자산의 용도변경, 개량, 이용편의를 위해 지출한 비용
　　▶ 자본적 지출액은 그 지출에 관한 증명서류를 수취 보관하거나 실제 지출사실이 금융거래 증명서류에 의하여 확인되는 경우 필요경비에 포함한다.
　㉣ 재해나 노후화 등 부득이한 사유로 건물을 재건축한 경우 그 철거비용

③ 양도비
　㉠ 양도에 직접 지출한 비용(계약서 작성비용, 공증비용, 인지대, 중개보수 등)
　㉡ 국민주택채권, 토지개발채권을 만기 전에 할인하여 매각함으로 발생하는 매각차손
　　▶ 금융기관 이외의 자에게 양도한 경우에는 동일한 날에 금융기관에 양도하였을 경우 발생하는 매각차손을 한도로 한다.

📝**참고** 필요경비에 포함하지 않는 경우

> 1. 취득 관련 조세의 가산세
> 2. 보유 관련 조세(재산세, 종합부동산세)
> 3. 당초 약정에 의한 거래가액의 지급기일의 지연으로 인하여 추가로 발생하는 이자상당액(당사자 약정에 의해 이자상당액을 가산하여 거래가액을 확정하는 경우에는 취득원가에 포함한다)
> 4. 부당행위계산에 의한 시가초과액
> 5. 수익적 지출
> 6. 양도 간접비용
> 7. 취득에 대한 쟁송이 있는 자산에 대하여 그 소유권 등을 확보하기 위하여 직접 소요된 소송비용, 화해비용 등의 금액으로서 그 지출한 연도의 각 소득금액 계산에 있어서 필요경비에 산입된 것
> 8. 지적공부상 면적이 증가한 해당 토지를 양도할 때 지적재조사 결과 보유한 토지 면적이 증가하여 납부한 조정금은 취득가액에서 제외한다.

▶ 채권매각차손(단 금융기관 외의 자에게 매각한 경우 동일한 날에 금융기관에 양도하였을 경우 매각차손을 한도)은 필요경비에 포함한다.
▶ 자본적 지출액의 경우 소득세법에 따른 증명서류를 수취 보관하거나 실제 지출사실이 금융거래 증명서류로 입증되는 경우 필요경비에 포함한다.

빈출지문

1. 양도소득세액의 계산과정순서는 '양도가액 ⇨ 양도차익 ⇨ 양도소득금액 ⇨ 양도소득 과세표준'이다.

2. 취득가액을 실지거래가액으로 계산하는 경우 자본적 지출액은 필요경비에 포함된다.

3. 양도가액을 기준시가에 따를 때에는 취득가액도 기준시가에 따른다.

4. 상속받은 부동산을 양도하는 경우, 기 납부한 상속세는 양도차익 계산시 이를 필요경비로 공제받을 수 있다.

5. 양도 또는 취득당시의 실지거래가액의 확인을 위하여 필요한 장부·매매계약서영수증 기타 증빙서류가 없거나 그 중요한 부분이 미비된 경우 추계결정 또는 경정의 사유에 해당한다.

6. 추계결정 또는 경정시 환산취득가액은 양도가액을 추계할 경우에는 적용되지만 취득가액을 추계할 경우에는 적용되지 않는다.

7. 취득당시 실지거래가액을 확인할 수 없는 경우에는 매매사례가액, 환산취득가액, 감정가액, 기준시가를 순차로 적용하여 산정한 가액을 취득가액으로 한다.

8. 양도와 취득시의 실지거래가액을 확인할 수 있는 경우에는 양도가액과 취득가액을 실지거래가액으로 산정한다.

9. 취득 후 본래의 용도를 유지하기 위해 소요된 수익적 지출액은 실지거래가액에 의한 양도차익 계산시 필요경비로 인정된다.

10. 양도자산을 취득한 후 쟁송이 있는 경우 그 소유권을 확보하기 위하여 직접 소요된 소송비용·화해비용 등으로서 그 지출한 연도의 각 소득금액계산에 있어서 필요경비에 산입된 것을 제외한 금액은 실지거래가액에 의한 양도차익 계산시 필요경비로 인정된다.

11. 자산을 양도하기 위하여 직접 지출한 계약서작성비용, 공증비용, 인지대, 중개보수는 실지거래가액에 의한 양도차익 계산시 필요경비로 인정된다.

12. 양도소득금액을 계산할 때 부동산을 취득할 수 있는 권리에서 발생한 양도차손은 토지에서 발생한 양도소득금액에서 공제할 수 없다.

13. 자본적지출액은 그 지출에 관한증명서류를 수취 보관하지 않더라도 실제 지출사실이 금융거래 증명서류에 의하여 확인되는 경우 양도차익 계산시 양도가액에서 공제할 수 있다.

14. 주택의 취득대금에 충당하기 위한 대출금의 이자지급액은 양도소득의 필요경비에 해당한다.

15. 취득시 법령 규정에 따라 매입한 국민주택채권을 만기전에 매각하는 경우 매각차손은 매매 상대방과 관계없이 전액 양도소득 필요경비에 해당한다.

16. 매매사례가액은 양도일 또는 취득일 전후 각 3개월 이내에 해당 자산과 동일성 또는 유사성이 있는 자산의 매매사례가 있는 경우 그 가액을 말한다.

17. 취득세는 납부영수증이 없으면 필요경비로 인정되지 아니한다.

18. 양도전 주택의 이용편의를 위한 방 확장공사비용(이로 인하여 주택의 가치가 증가됨)은 필요경비에 해당한다.

19. 자산을 양도하기 위하여 직접 지출한 양도소득과세표준 신고서 작성비용은 양도비용에 해당한다.

20. 취득가액을 매매사례가액으로 계산하는 경우 취득당시 개별공시지가에 3/100을 곱한 금액이 필요경비에 포함된다.

21. 국세청장이 지정하는 지역에 있는 오피스텔의 기준시가는 건물의 종류 규모 거래상황 위치 등을 고려하여 매년 1회 이상 국세청장이 토지와 건물에 대하여 일괄하여 산정 고시하는 가액으로 한다.

22. 부동산을 취득할 수 있는 권리에 대한 기준시가는 양도자산의 종류를 고려하여 취득일 또는 양도일까지 납입한 금액으로 한다.

Answer

1. ○ 2. ○ 3. ○ 4. 상속세는 필요경비에 포함하지 아니한다. 5. ○ 6. 환산취득가액은 취득가액에는 적용하지만 양도가액에는 적용하지 아니한다. 7. 매매사례가액 − 감정가액 − 환산취득가액 − 기준시가 순서로 적용한다. 8. ○ 9. 자본적 지출은 필요경비에 포함하지만 수익적 지출은 필요경비에 포함하지 아니한다. 10. ○ 11. ○ 12. 토지 건물 부동산에 관한 권리 기타자산의 경우 발생한 양도차손은 양도소득금액에서 공제할 수 있다. 13. ○ 14.개인의 취득대금을 위한 대출금은 필요경비에 포함하지 아니한다. 15. 금융기관에 양도하는 경우에만 전액 필요경비로 인정된다. 금융기관 외의 자에게 매각한 경우 동일한 날에 금융기관에 양도하였을 경우 발생하는 매각차손을 한도로 한다. 16. ○ 17. 취득세는 영수증과 관계없이 필요경비로 인정된다. 18. ○ 19. ○ 20. ○ 21. ○ 22. 취득일 또는 양도일까지 납입한 금액에 프리미엄을 합한 금액으로 한다.

(2) 양도소득금액계산 : 장기보유특별공제(거주자 비거주자 모두 적용)

양도소득 금액 = 양도차익 − 장기보유특별공제

☑참고

1. 보유기간 계산 특례 : 배우자 또는 직계존비속으로부터 증여받은 자산을 10년 이내 양도한 경우에는 증여한 배우자 또는 직계존비속이 해당 자산을 취득한 날부터 기산한다.
2. 조합원 **입주권**의 경우에는 종전 토지, 건물의 취득일로부터 **관리처분계획인가일**까지로 한다.

① 적용 대상 : 등기 + 3년 이상 보유한
  ㉠ 토지(비사업용 토지 포함)
  ㉡ 건물
  ㉢ 조합원 입주권(조합원으로부터 취득한 것은 제외)
② 보유기간 : 3년 이상
③ 적용배제
  ㉠ 미등기
  ㉡ 조정대상지역 2주택 이상(2026년 5월 9일까지는 공제 적용)
  ㉢ 국외자산
④ 장기보유특별공제율(양도차익)
  ㉠ 일반 자산

보유기간	일반적인 경우 공제율(매년2%)
3년 이상 4년 미만	양도차익의 100분의 6
4년 이상 5년 미만	양도차익의 100분의 8
5년 이상 6년 미만	양도차익의 100분의 10
6년 이상 7년 미만	양도차익의 100분의 12
7년 이상 8년 미만	양도차익의 100분의 14
8년 이상 9년 미만	양도차익의 100분의 16
9년 이상 10년 미만	양도차익의 100분의 18
10년 이상 11년 미만	양도차익의 100분의 20
11년 이상 12년 미만	양도차익의 100분의 22
12년 이상 13년 미만	양도차익의 100분의 24
13년 이상 14년 미만	양도차익의 100분의 26
14년 이상 15년 미만	양도차익의 100분의 28
15년 이상	양도차익의 100분의 30

ⓛ 1세대 1주택(고가주택) : 주택이 아닌 건물을 사실상 주거용으로 사용하거나 공부상의 용도를 주택으로 변경하는 경우(이 경우 주택으로 보유한 기간은 해당 자산을 사실상 주거용으로 사용한 날부터 기산한다. 다만, 사실상 주거용으로 사용한 날이 분명하지 아니한 경우에는 그 자산의 공부상 용도를 주택으로 변경한 날부터 기산한다)

ⓐ 보유기간별 공제율 : 건물로 보유한 기간(매년 2%씩) + 1주택으로 보유한 기간(매년 4%씩)

ⓑ 거주기간별 공제율 : 1세대 1주택으로 보유한 기간 중 거주한 기간(매년 4%씩)

보유기간	공제율	거주기간	공제율
3년 이상 4년 미만	100분의 12	2년 이상~3년 미만(보유기간이 3년 이상인 경우에 한정)	100분의 8
		3년 이상 4년 미만	100분의 12
4년 이상 5년 미만	100분의 16	4년 이상 5년 미만	100분의 16
5년 이상 6년 미만	100분의 20	5년 이상 6년 미만	100분의 20
6년 이상 7년 미만	100분의 24	6년 이상 7년 미만	100분의 24
7년 이상 8년 미만	100분의 28	7년 이상 8년 미만	100분의 28
8년 이상 9년 미만	100분의 32	8년 이상 9년 미만	100분의 32
9년 이상 10년 미만	100분의 36	9년 이상 10년 미만	100분의 36
10년 이상	100분의 40	10년 이상	100분의 40

☑참고 동일연도에 장기보유특별공제대상을 수회 양도한 경우 양도자산마다 각각 공제 적용(자산별 공제)

공제대상	3년 이상 보유 + 토지, 건물, 조합원입주권(승계취득은 제외)
공제배제	미등기 양도자산 및 국외자산, 조정지역 2주택 이상(2026년 5월 9일까지는 적용)
공제액 계산	• 양도차익 × 공제율(일반자산 ⇨ 6 ~ 30%) • 1주택(고가주택 : 10년 이상 보유 + 10년 이상 거주) : 20% ~ 80%
보유기간특례	증여재산 이월과세의 경우 증여한 배우자 직계존비속의 취득일로부터 소급하여 계산
적용한도	국내자산을 거주자 또는 비거주자가 양도하는 경우 횟수와 관계없이 공제
입주권	조합원입주권의 경우 보유기간은 종전 토지 건물 취득일로부터 관리처분인가일까지로 한다.

(3) 양도소득 과세표준의 계산 : 양도소득기본공제(거주자 비거주자 모두 적용)

> 양도소득 과세표준 = 양도소득 금액 - 양도소득기본공제

① 적용대상 : 모든 양도 자산에 대하여 적용(국외자산도 적용)

② 보유기간과 무관하게 공제

③ 적용배제 : 미등기

④ 공제액 : 소득별(소유자별×, 자산별×)로 각각 연 250만원

참고 소득별 구분
ㄱ 토지, 건물, 부동산에 관한 권리, 기타자산 : 연 250만원
ㄴ 주식 또는 출자지분 : 연 250만원
ㄷ 파생상품 등 : 연 250만원
ㄹ 신탁 수익권 : 연 250만원

⑤ 공유자산의 경우 : 공동소유자 각각 공제 가능

⑥ 양도소득금액 구분계산 : 양도소득금액은 소득별로 구분하여 계산한다. 이 경우 소득금액을 계산할 때 발생하는 결손금은 다른 소득금액과 합산하지 아니한다.

⑦ 자산을 여러 차례 양도하는 경우 기본공제 : 여러 개의 양도자산이 있는 경우 자산별로 각각 공제하는 것이 아니라 다음과 같이 공제한다.
ㄱ 양도소득금액에 감면소득금액이 있는 경우에는 그 감면소득금액 외의 양도소득금액에서 먼저 공제한다.
ㄴ 감면소득금액 외의 양도소득금액 중에서는 해당 과세기간에 먼저 양도하는 자산의 양도소득금액에서부터 순서대로 공제한다.

⑧ 장기보유특별공제와 양도소득기본공제의 비교

구 분	장기보유특별공제 (거주자, 비거주자)	양도소득기본공제 (거주자, 비거주자)
대상자산	토지, 건물, 조합원입주권	모든 과세대상자산
보유기간	3년 이상 보유시	보유기간 불문
미등기시	공제 불가능	공제 불가능
비사업용 토지	공제 가능	공제 가능
공제 횟수	양도시마다 자산별 공제	소득별로 연 250만원
국외자산 양도시	공제 불가능	공제 가능
조정대상지역 2주택 이상	공제 불가능 (26. 5. 9.까지 가능)	공제 가능

빈출지문

1. 장기보유특별공제는 법령이 정하는 1세대 1주택에 해당하는 자산의 경우 10년 이상 보유와 거주를 한 경우 양도차익의 100분의 80의 공제율이 적용된다.

2. 장기보유특별공제는 법령이 정하는 비사업용 토지에 해당하는 경우에는 적용되지 아니한다.

3. 장기보유특별공제는 법원의 결정에 의하여 양도당시 취득에 관한 등기가 불가능한 부동산에 대하여는 적용되지 아니한다.

4. 장기보유특별공제는 등기된 토지 또는 건물로서 그 자산의 보유기간이 3년 이상인 것 및 조합원입주권(조합원으로부터 취득한 것 제외)에 대하여 적용한다.

5. 미등기 양도자산의 경우 원칙적으로 장기보유특별공제를 적용하지 아니한다.

6. 10년간 보유한 부동산(1세대 1주택이 아님)은 양도가액의 30%에 상당하는 금액을 장기보유특별공제로서 공제한다.

7. 1세대 1주택이라도 장기보유특별공제가 적용될 수 있다.

8. 장기보유특별공제액은 해당 자산의 양도차익에 보유기간별 공제율을 곱하여 계산한다.

9. 장기보유특별공제 계산시 해당 자산의 보유기간은 그 자산의 취득일부터 양도일까지로 하지만 「소득세법」 제97조 제4항에 따른 배우자 또는 직계존비속 간 증여재산에 대한 이월과세가 적용되는 경우에는 증여한 배우자 또는 직계존비속이 해당 자산을 취득한 날부터 기산한다.

10. 100분의 70이 세율이 적용되는 미등기 자산에 대해서는 장기보유특별공제를 적용하지 아니한다.

11. 거주자가 국외주택을 양도한 경우 양도일까지 계속해서 5년간 국내에 주소를 둔 경우 양도소득금액 계산시 장기보유특별공제가 적용된다.

12. 양도소득세 과세대상인 국내 소재의 등기된 토지와 건물을 같은 연도 중에 양도시기를 달리하여 양도한 경우에도 양도소득기본공제는 연 250만원을 공제한다.

13. 국내 거주자가 토지와 주식을 양도하는 경우 각각 발생한 결손금은 양도소득금액 계산시 이를 통산한다.

14. 같은 해에 여러 개 자산(등기됨)을 양도하는 경우 양도소득기본공제는 먼저 양도한 자산의 양도소득금액에서부터 순서대로 공제한다.

Answer

1. ○ 2. 비사업용 토지도 장기보유특별공제가 가능하다. 3. 미등기 양도시에도 법원의 결정에 의해 미등기 양도하는 경우에는 미등기 제외자산에 해당하여 장기보유특별공제를 적용한다. 4. ○ 5. ○ 6. 양도가액이 아니라 양도차익에 대하여 적용하고 10년 보유한 경우 20% 공제를 적용한다. 7. ○ 8. ○ 9. ○ 10. ○ 11. 국외자산 양도의 경우 양도소득기본공제는 적용하지만 장기보유특별공제를 적용하지 아니한다. 12. ○ 13. 토지와 주식은 서로 통산하지 아니한다(결손금 통산은 소득별로 각각 통산한다). 14. ○

(4) 배우자 직계존비속 간 이월과세

① **적용대상** : 거주자가 양도일부터 소급하여 10년(등기부상의 소유기간) 이내에 그 배우자, 직계존비속(양도 당시 혼인관계가 소멸된 경우를 포함하되 사망으로 혼인관계가 소멸된 경우는 제외한다)로부터 증여받은 토지·건물·특정시설물이용권, 부동산을 취득할 수 있는 권리를 양도한 경우에 이월 과세한다.

② **취득가액** : 증여한 배우자 직계존비속의 취득 당시 가액

③ **보유기간(취득시기)** : 증여한 배우자 등의 취득시기

④ **납세의무자** : 수증자

⑤ **증여세** : 필요경비로 산입

⑥ **증여자가 지출한 자본적 지출액** : 필요경비에 산입

⑦ **양도소득세 연대납세의무** : 없음

⑧ **부정한 행위 관계없이 증여인정(수증자 ⇨ 타인)**

⑨ **이월과세 적용 배제**
   ㉠ 양도 당시 혼인관계가 소멸된 경우(사망으로 혼인관계가 소멸된 경우에만 해당)
   ㉡ 사업인정고시일부터 소급하여 2년 이전에 증여받은 경우로서 공익사업을 위한 토지 등의 취득 및 보상에 관한 법률 등에 따라 협의매수 또는 수용된 경우
   ㉢ 1세대 1주택 비과세 규정이 적용되는 경우
   ㉣ 이월과세를 적용하여 계산한 양도소득 결정세액이 이월과세를 적용하지 아니하고 계산한 양도소득 결정세액보다 적은 경우

(5) 부당행위 계산부인

① 증여 후 양도행위 부인(우회양도) 적용대상

ⓐ에 따른 세액이 ⓑ에 따른 세액보다 적은 경우에는 증여자가 그 자산을 직접 양도한 것으로 본다.

㉠ 증여받은 자의 증여세와 양도소득세를 합한 세액

㉡ 증여자가 직접 양도하는 경우로 보아 계산한 양도소득세

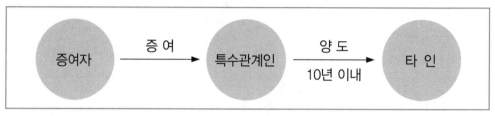

ⓐ 취득가액 : 증여자의 취득 당시 가액

ⓑ 보유기간(취득시기) : 증여자의 취득시기

ⓒ 납세의무자 : 증여자

ⓓ 증여세 : 환급

ⓔ 양도소득세 연대납세의무 : 있음

ⓕ 부정한 행위로 인정되는 경우 증여를 부인하고 증여자가 타인에게 직접 양도한 것으로 본다.

② 저가양도 고가양수(취득)

㉠ 특수관계인과의 거래에 있어서 토지 등을 시가를 초과하여 취득하거나 시가에 미달하게 양도하여 조세 부담을 부당히 감소시킨 것으로 인정되는 경우에는 그 취득가액 또는 양도가액을 부인하고 시가에 따라 계산한다.

㉡ 저가양도 고가양수의 부인은 시가와 거래가액의 차액이 시가의 100분의 5에 상당하는 금액 이상이거나 3억원 이상인 경우에만 적용한다.

▼ 배우자 증여재산에 대한 이월과세와 특수관계인 증여재산에 대한 부당행위계산부인의 비교

구 분	배우자 증여재산에 대한 이월과세	특수관계인 증여재산에 대한 부당행위계산의 부인
증여자와 수증자와의 관계	배우자 · 직계존비속	특수관계인
과세대상자산	토지, 건물, 부동산을 취득할 수 있는 권리, 특정시설물이용권	양도소득세 과세대상 자산
수증일로부터 양도일까지의 기간	증여 후 10년 이내	증여 후 10년 이내
납세의무자	증여받은 배우자 · 직계존비속	당초 증여자
증여세의 처리	필요경비에서 공제	증여세를 과세하지 않음(환급)
연대납세의무	없음	있음
조세부담의 부당한 감소 여부	조세부담의 부당한 감소가 없어도 적용	조세부담이 부당히 감소된 경우만 적용
취득가액	증여자의 취득당시가액	증여자의 취득당시가액
장기보유특별공제, 세율 적용시 보유기간	증여자가 취득한 날로부터 양도일까지	증여자가 취득한 날부터 양도일까지

핵심 05 양도소득세 세율

1. 하나의 자산이 둘 이상의 세율에 해당하는 경우에는 해당 세율을 적용하여 계산한 양도소득 산출세액 중 큰 것을 그 세액으로 한다.
2. 한 필지의 토지가 비사업용 토지와 그 외의 토지로 구분되는 경우에는 각각을 별개의 자산으로 보아 양도소득 산출세액을 계산한다.

(1) 토지, 건물, 부동산에 관한 권리

① 일반적인 경우

과세대상		세 율
미등기 양도자산		70%
등기 양도자산	1년 미만 보유	50%
	1년 이상 2년 미만 보유	40%
	2년 이상 보유	6 ~ 45%

② 비사업용 토지

　　㉠ 1년 미만 보유: 50%

　　㉡ 1년 이상 2년 미만 보유: 40%

　　㉢ 2년 이상 보유: 16~55%

❤ 초과누진세율(6~45%)

과세표준	세 율
1,400만원 이하	과세표준의 6%
1,400만원 초과 ~ 5,000만원 이하	84만원 + (1,400만원 초과금액의 15%)
5,000만원 초과 ~ 8,800만원 이하	624만원 + (5,000만원 초과금액의 24%)
8,800만원 초과 ~ 1억5천만 이하	1,536만원 + (8,800만원 초과금액의 35%)
1억5천만원 초과 ~ 3억원 이하	3,706만원 + (1억5천만원 초과금액의 38%)
3억원 초과 ~ 5억원 이하	9,406만원 + (3억원 초과금액의 40%)
5억원 초과 ~ 10억원 이하	1억7,406만원 + (5억원 초과금액의 42%)
10억원 초과	3억8,406만원 + (10억원 초과금액의 45%)

❣ 비사업용 토지의 경우 기본세율(6~45%)에 **10%**를 가산하여 적용한다.

과세표준	세 율
1,400만원 이하	과세표준의 16%
1,400만원 초과 ~ 5,000만원 이하	224만원 + (1,400만원 초과금액의 25%)
5,000만원 초과 ~ 8,800만원 이하	1,124만원 + (5,000만원 초과금액의 34%)
8,800만원 초과 ~ 1억5천만 이하	2,416만원 + (8,800만원 초과금액의 45%)
1억5천만원 초과 ~ 3억원 이하	5,206만원 + (1억5천만원 초과금액의 48%)
3억원 초과 ~ 5억원 이하	1억2,406만원 + (3억원 초과금액의 50%)
5억원 초과 ~ 10억원 이하	2억2,406만원 + (5억원 초과금액의 52%)
10억원 초과	4억8,406만원 + (10억원 초과금액의 55%)

(2) 주택 및 조합원 입주권, 분양권

① 일반적인 경우

구 분		주택·조합원입주권	분양권
보유기간	1년 미만	70%	70%
	1년 이상 ~ 2년 미만	60%	60%
	2년 이상	6 ~ 45%	

② 조정대상 지역 내 주택(2026년 5월 9일까지 중과세 적용 안함)

㉠ 2주택 ⇨ 기본세율(6~45%) + 20% 할증

㉡ 3주택 ⇨ 기본세율(6~45%) + 30% 할증

㉢ 주택수 계산시 조합원입주권과 분양권도 포함

③ 이 경우 해당 주택 보유기간이 2년 미만인 경우에는 제55조 제1항에 따른 세율(6%~45%)에 100분의 20(제3호 및 제4호의 경우 100분의 30)을 더한 세율을 적용하여 계산한 양도소득 산출세액과 제1항 제2호 또는 제3호의 세율을 적용하여 계산한 양도소득 산출세액 중 큰 세액을 양도소득 산출세액으로 한다.

(3) 기타자산

등기여부, 보유기간과 무관하게 초과누진세율(6~45%)을 적용한다.

(4) 세율 적용시 유의 사항

① 상속받은 자산을 양도할 경우 보유기간은 피상속인이 당해 자산을 취득한 날을 취득일로 한다(세율 적용시 보유기간 계산시에만 적용함).

② 배우자, 직계존비속으로부터 증여 받은 자산에 대한 이월과세의 경우의 보유기간은 증여자가 당해 자산을 취득한 날로부터 양도한 날까지로 한다.

빈출지문

1. 보유기간이 1년 이상 2년 미만인 등기된 상업용 건물은 100분의 40의 세율을 적용한다.

2. 보유기간이 1년 미만인 조합원 입주권은 100분의 70의 세율을 적용한다.

3. 보유기간이 2년 이상 분양권의 경우 6~45% 초과누진세율을 적용한다.

4. 보유기간이 2년 이상이고 양도소득 과세표준이 1,400만원 이하인 등기된 비사업용 토지 (지정지역에 있지 않음)의 경우 100분의 16의 세율을 적용한다.

5. 미등기 건물(미등기 양도자산 제외 자산이 아님)의 경우 100분의 70의 세율을 적용한다.

6. 등기된 상업용 건물의 보유기간이 1년 11개월인 경우 100분의 50의 세율을 적용한다.

7. 주택의 경우 보유기간이 6개월인 경우 100분의 70의 세율을 적용한다.

Answer

1. ○ 2. ○ 3. 분양권은 1년 미만 보유하면 70/100, 1년 이상 보유한 경우 60/100의 세율을 적용한다. 4. ○ 5. ○ 6. 등기된 상업용 건물의 보유기간이 1년 11개월인 경우 100분의 40의 세율을 적용한다. 7. ○

핵심 06 **양도소득세 납세절차**

(1) 양도소득세 과세표준 예정신고, 납부

<table>
<tr><th colspan="2">구 분</th><th>예정신고기간</th></tr>
<tr><td rowspan="4">부동산등</td><td>원 칙</td><td>양도일이 속하는 달의 말일부터 2개월 이내</td></tr>
<tr><td>허가 전에 대금청산</td><td>허가일이 속하는 달의 말일부터 2개월 이내</td></tr>
<tr><td>허가받기 전에 허가구역 지정 해제</td><td>해제일이 속하는 달의 말일부터 2개월 이내</td></tr>
<tr><td>부담부증여의 채무 인수액</td><td>양도일이 속하는 달의 말일부터 3개월 이내</td></tr>
<tr><td colspan="2">주식 및 출자지분</td><td>양도일이 속하는 달의 반기의 말일부터 2개월 이내</td></tr>
<tr><td colspan="2">파생상품</td><td>예정신고하지 않음</td></tr>
</table>

① 양도차익이 없거나 양도차손이 발생한 경우에도 예정신고를 **하여야 한다.**

② 예정신고를 하지 아니한 경우 가산세를 적용한다.

③ 수시부과 세액이 있는 경우에는 이를 공제하고 납부한다.

(2) 양도소득 과세표준 확정 신고 · 납부

① 신고기한 : 과세기간의 다음 연도 5월 1일부터 5월 31일(단, 토지거래 허가구역의 경우 허가전에 대금청산시 허가일이 속하는 과세기간이 속한 연도의 다음 연도)

　▶ **확정신고기한 특례**
　　- 거주자의 사망 : 상속개시일이 속하는 달의 말일부터 6개월이 되는 날(상속인이 출국하는 경우에는 출국일 전날)
　　- 국외 이주 목적으로 출국 : 출국일 전날까지

㉠ 과세표준이 없거나 결손금액이 있는 경우에도 확정신고를 **하여야 한다.**

㉡ 예정신고를 한 자는 확정신고를 하지 **아니할 수 있다.**

② 가산세

㉠ 일반 무신고가산세 : 무 납부세액의 20%

㉡ 일반 과소신고가산세 : 과소납부세액의 10%

㉢ 부정 무신고가산세 : 부정 무 납부세액의 40%

㉣ 부정 과소신고가산세 : 부정 과소납부세액의 40%

㉤ 납부지연가산세(ⓐ + ⓑ)

　　ⓐ 1일 경과시마다 100,000분의 22(0.022%)

　　ⓑ 납부고지 후 미납세액의 3/100

　　ⓒ 납세고지에 따른 납부기한의 다음 날부터 납부일까지의 기간이 5년을 초과하는 경우 : 5년으로 한다.

　　ⓓ 체납된 국세의 납세고지서별 세목별 세액이 150만원 미만인 경우 가산세를 적용하지 아니한다.

③ 가산세 적용 배제 : 예정신고와 관련하여 가산세가 부과된 경우 확정신고와 관련하여 가산세를 이중으로 부과하지 아니한다.

④ 가산세 감면 : 예정신고를 하지 않은 경우 확정신고를 하면 무신고 가산세 50/100을 감면한다.

⑤ 환산취득가액 적용에 따른 가산세

거주자가 건물을 신축 또는 증축(바닥면적 합계 85m²를 초과하여 증축한 경우)을 하고 그 신축 또는 증축한 건축물의 취득일 또는 증축일로부터 **5년 이내** 해당 건물을 양도하는 경우로서 **환산취득가액**(증축의 경우 증축한 부분에 한정한다)**이나 감정가액**(증축의 경우 증축한 부분에 한정한다)을 그 취득가액으로 하는 경우에는 해당 건물의 **환산취득가액이나 감정가액의** 100분의 5에 해당하는 금액을 양도소득 결정세액에 더 한다.

⑥ 예정신고한 자 중 확정신고 대상자

예정신고한 자는 확정신고를 하지 않을 수 있다. 다만, 다음의 경우에는 확정신고를 하여야 한다.

㉠ 해당 과세기간에 누진세율의 적용대상 자산에 대한 예정신고를 2회 이상 한 자가 이미 신고한 양도소득금액과 합산하여 신고하지 않은 경우

㉡ 토지 건물 부동산에 관한 권리 및 기타자산을 2회 이상 양도한 경우로서 해당 과세기간의 양도소득과세표준 합계액에 대하여 누진세율을 적용하여 계산한 양도소득 산출세액과 자산별 양도소득 산출세액 합계액 중 큰 것으로 신고하지 않은 경우

⑦ 결정 및 경정

㉠ 결정 : 예정신고 또는 확정신고할 자가 신고를 하지 않은 경우

㉡ 경정 : 예정신고 또는 확정신고한 자의 신고 내용에 탈루나 오류가 있는 경우

⑧ 양도소득세 징수

㉠ 예정신고, 확정신고 · 납부세액의 징수 : 양도소득세 납부세액의 일부 또는 전부를 납부하지 아니한 경우에는 국세징수법에 따라 징수한다.

㉡ 결정, 경정에 따른 납부세액의 징수 : 거주자에게 알린 날로부터 30일 이내에 징수한다.

(3) 분납과 부가세

① 분납의 요건(예정신고 또는 확정신고시)

㉠ 납부세액이 1천만원 초과시

㉡ 납부기한 경과 후 2개월 이내에 예정 또는 확정신고기한까지 신청

㉢ 분납금액

납부할 세액	분할납부 세액
납부할 세액이 2,000만원 이하인 경우	1,000만원을 초과하는 금액
납부할 세액이 2,000만원을 초과하는 경우	그 세액의 100분의 50 이하의 금액

② 부가세 : 감면 받은 경우에는 감면세액의 농어촌특별세 20%

▸ **납부세액에 지방소득세 10%가 부가세로 부과된다 : ×**

빈출지문

1. 양도소득세를 물납하고자 하는 자는 양도소득세 과세표준 확정신고기한이 끝난 후 10일 이내에 납세지 관할세무서장에게 신청하여야 한다.

2. 예정신고를 하지 않은 경우 확정신고를 하면, 예정신고에 대한 가산세는 부과되지 아니한다.

3. 예정신고를 한 경우에는 확정신고를 하지 아니할 수 있다.

4. 예정신고와 함께 자진납부를 하는 때에는 그 산출세액에서 납부할 세액의 100분의 10에 상당하는 금액을 예정 신고납부세액 공제로 공제한다.

5. 양도소득세의 분할납부는 예정신고납부시에는 적용되지 않고 확정신고납부시에만 적용된다.

6. 거주자가 양도소득세 확정신고에 따라 납부할 세액이 3천600만원인 경우 최대 1천800만원까지 분할납부할 수 있다.

7. 건물을 양도한 경우에는 그 양도일이 속하는 달의 말일부터 2월 이내에 납세지 관할세무서장에게 예정신고를 하여야 한다.

8. 양도를 하였는데도 양도차익이 없는 경우에는 양도소득세 예정신고를 할 필요가 없다.

9. 양도소득세 납세자가 국내 거주자인 경우 그 납세지는 양도물건의 소재지이다.

10. 소득세법상 거주자인 개인이 국내소재 부동산을 2025년 10월 25일 양도한 경우 양도소득 과세표준 예정신고기한 및 관할 관청은 어디인가? (단, 신고기한이 공휴일이 아니라고 가정함)

11. 부동산 거래신고 등에 관한 법률에 의한 토지거래계약 허가구역 안에 있는 토지를 양도함에 있어서 토지거래계약 허가를 받기 전에 대금을 청산한 경우에는 그 허가일이 속하는 달의 말일부터 2월 이내에 양도소득 과세표준 예정신고를 하여야 한다.

12. 당해 연도에 누진세율 적용대상 자산을 2회 이상 양도하는 경우에 2회 양도자산의 양도소득세 신고시 기 납부한 양도소득세와 합산하여 신고하지 아니한 거주자는 당해 연도의 다음 연도 5월 1일부터 5월 31일까지 양도소득 과세표준 확정신고를 하여야 한다.

13. 예정신고납부를 할 때 납부할 세액은 양도차익에서 장기보유 특별공제와 양도소득 기본공제를 한 금액에 해당 양도소득세 세율을 적용하여 계산한 금액을 그 산출세액으로 한다.

14. 甲이 등기된 국내소재 공장(건물)을 양도한 경우 확정 신고 기간은 양도일이 속한 연도의 다음 연도 6월 1일부터 6월 31일까지이다.

15. 건물을 신축하고 그 신축한 건물의 취득일로부터 5년 이내에 해당 건물을 양도하는 경우로서 취득 당시의 실지거래가액을 확인할 수 없어 환산취득가액을 그 취득가액으로 하는 경우에는 양도소득세 산출세액의 100분의 5에 해당하는 금액을 양도소득 결정세액에 더한다.

16. 부담부증여의 채무액에 해당하는 부분으로서 양도로 보는 경우에는 그 양도일이 속하는 달의 말일부터 2개월 이내에 양도소득세를 신고하여야 한다.

Answer

1. 양도소득세는 물납을 할 수 없고 분납만 가능하다. 2. 예정신고를 하지 않은 경우 확정신고와 관계없이 가산세가 부과된다. 3. ○ 4. 예정신고 납부세액 공제는 폐지되었다. 5. 분할납부는 예정신고와 확정신고시 모두 적용한다. 6. ○ 7. ○ 8. 양도차익이 없거나 양도차손이 발생한 경우에도 예정신고를 하여야 한다. 9. 거주자의 주소지 관할 세무서가 납세지이다. 10. 2025년 12월 31일까지 거주자의 주소지 관할 세무서에 예정신고를 하여야 한다. 11. ○ 12. ○ 13. ○ 14. 다음연도 5월 1일부터 5월 31일까지이다. 15. 산출세액이 아니라 환산취득가액의 100분의 5에 해당하는 금액을 결정세액에 더한다. 16. 양도일이 속한 달의 말일부터 3개월 이내 예정신고를 하여야 한다.

핵심 07 | **미등기 양도자산**

(1) 미등기 양도자산에 대한 불이익

① 양도소득세 비과세, 감면규정을 적용받지 못한다.

② 장기보유특별공제, 양도소득기본공제 배제

③ 70% 세율 적용

④ 필요경비개산공제(0.3%) 적용

(2) 미등기 양도자산에서 제외되는 자산

① 장기할부조건으로 취득한 자산으로서 그 계약조건에 의하여 양도 당시 그 자산의 취득에 관한 등기가 불가능한 자산

② 법률의 규정 또는 법원의 결정에 의하여 양도 당시 그 자산의 취득에 관한 등기가 불가능한 자산

③ 농지의 교환 또는 분합으로 발생하는 비과세 양도소득, 자경농지에 대한 양도소득세의 감면 및 농지대토에 대한 양도소득세 감면에 규정하는 토지

④ 비과세요건을 충족한 1세대 1주택 등으로서 「건축법」에 따른 건축허가를 받지 아니하여 등기가 불가능한 자산

⑤ 「도시개발법」에 따른 도시개발사업이 종료되지 아니하여 토지 취득등기를 하지 아니하고 양도하는 토지

⑥ 건설업자가 「도시개발법」에 따라 공사용역 대가로 취득한 체비지를 토지구획환지처분공고 전에 양도하는 토지

빈출지문

1. 미등기 양도자산의 경우에도 2년 이상 보유한 1세대 1주택에 대하여는 원칙적으로 양도소득세가 비과세된다.

2. 미등기 양도 자산에 대하여는 원칙적으로 소득세법 및 조세특례제한법상의 감면을 적용받을 수 없다.

3. 미등기 양도 자산에 대하여 장기보유특별공제는 적용받을 수 없으나 양도소득기본공제는 적용받을 수 있다.

4. 단기할부조건으로 취득한 자산으로서 그 계약조건에 의하여 양도 당시 취득에 관한 등기가 불가능한 자산은 미등기 양도자산으로 보지 아니한다.

5. 미등기 양도자산에 대하여는 양도소득 과세표준에 45%의 세율을 적용하여 양도소득세를 산출한다.

6. 미등기 양도자산의 경우에도 필요경비개산공제를 적용한다.

7. 법률 규정에 의하여 양도당시 그 자산에 대한 등기가 불가능한 자산의 경우에는 양도소득기본공제를 적용한다.

Answer

1. 미등기 양도시에는 원칙적으로 비과세 감면 등을 적용하지 아니한다. 2. ○ 3. 장기보유특별공제와 양도소득기본공제 모두 적용하지 아니한다. 4. 장기할부조건으로 취득한 경우에 미등기 양도자산으로 보지 아니한다. 5. 미등기 양도시 양도소득세 세율은 70%이다. 6. ○ 7. ○

핵심 08 | 비과세

1. 파산선고 처분으로 인하여 발생하는 소득
2. 농지의 교환 분합으로 인하여 발생하는 소득
3. 1세대 1주택(고가주택 제외)과 부수토지의 양도로 인하여 발생하는 소득
4. 지적재조사 사업 과정에서 지적공부상 면적이 감소되어 조정금을 받는 경우 해당 조정금
5. 조합원입주권의 양도로 인하여 발생하는 소득

1. 농지의 교환 분합

구 분	내 용
금액요건	쌍방토지 가액의 차액이 가액이 큰 편의 1/4 이하
사 유	① 국가 등이 시행하는 사업으로 교환 ② 국가 등이 소유하는 토지와 교환 ③ 농어촌정비법 농지법 등에 의하여 교환 ④ 경작상 필요에 의한 교환. 단, 3년 이상 거주 경작
경작기간특례	① 3년 이내 수용되는 경우 ② 3년 이내 사망한 경우(상속인과 피상속인 경작기간 합산)

☑참고 농지 소재지란?
① 농지가 소재하는 시·군·구 안의 지역
② ①의 지역과 연접한 시·군·구 안의 지역
③ 농지로부터 직선거리 30km 이내에 있는 지역

2. 1세대 1주택 및 부수 토지

(1) 1세대 1주택 비과세 요건

① 1세대로서
② 양도일 현재 국내에 1주택(고가주택은 제외)을 보유하고 있을 것
③ 양도일 현재 2년 이상(조정지역은 2년 이상 거주) 보유(취득일 ~ 양도일)되었을 것
④ 미등기가 아닐 것
⑤ 부수 토지

도시지역			도시지역 밖
수도권		수도권 밖	
주거, 상업, 공업지역	녹지지역	5배	10배
3배	5배		

(2) 1세대

① 원칙 : 거주자 + 배우자(법률상 이혼하였으나 생계를 같이하는 등 사실상 이혼한 것으로 보기 어려운 경우 포함)가 동일한 주소에서 생계를 같이하는 가족과 함께 구성하는 집단을 말한다.

　▸ 부부의 경우 단독세대를 구성하여도 항상 동일세대원으로 본다 : ○

② 예외 : 배우자가 없어도 1세대로 인정하는 경우

	원 칙	거주자 및 배우자
1세대 범위	예 외	① 연령이 30세 이상인 자 ② 배우자가 사망하거나 이혼한 경우 ③ 소득세법상 소득이 국민기초생활보장법에 따른 기준중위소득 40/100 이상인 경우. 단, 미성년자는 제외한다. ④ 미성년자의 결혼 가족의 사망 등 불가피한 경우

　▸ 미성년자의 경우 항상 세대 구성을 할 수 없다 : ×

(3) 1주택

"주택"이란 허가 여부나 공부(公簿)상의 용도구분과 관계없이 세대의 구성원이 독립된 주거생활을 할 수 있는 구조로서 대통령령으로 정하는 구조를 갖추어 사실상 주거용으로 사용하는 건물을 말한다. 이 경우 그 용도가 분명하지 아니하면 공부상의 용도에 따른다.

① 양도일 현재의 사실상 현황을 기준으로 판정한다.

② 매수자의 등기지연으로 공부상 2주택이 된 경우 : 양도한 사실이 확인되는 경우에는 1주택으로 본다.

③ 1주택을 여러 사람이 공동으로 소유하는 경우 : 각각 1주택을 소유로 본다.

　▸ **공동상속의 경우 주된 상속자만 주택으로 본다.**

④ 대지와 건물은 동일 세대원이 아닌 자가 각각 소유하는 경우에는 대지 소유자는 1세대 1주택으로 보지 아니한다.

⑤ 주택의 대지와 건물을 동일한 세대 구성원이 각각 소유하고 있는 경우에도 1주택으로 본다.

⑥ 1세대 1주택을 2년 이상 보유 후 멸실하고 나대지 상태로 양도하는 경우에는 1세대 1주택의 양도로 보지 아니한다.

⑦ 2개 이상의 주택을 같은 날에 양도한 경우에는 당해 거주자가 선택하는 순서에 따라 주택을 양도한 것으로 본다.

⑧ 공부상 주택인 1세대 1주택을 거주용이 아닌 영업용 건물(점포, 사무소)로 사용하다가 양도하는 때에는 1세대 1주택으로 보지 아니한다.

☑참고 분할 양도시 과세
1. 주택 + 주택 : 먼저 양도하는 주택 과세(1세대 1주택으로 보지 아니한다)
2. 주택 + 토지 : 토지 양도시 과세

(4) 고가주택

실지거래가액으로 양도가액이 12억원을 초과하는 주택(부동산임대소득의 경우 기준시가 12억원을 초과하는 주택)

① 12억원 초과하는 부분에 대해서는 과세한다.

② 다가구주택 : 단독주택으로 보는 다가구주택은 그 전체를 하나의 주택으로 보아 고가주택 여부를 판정한다.

재산세	1가구가 독립하여 구분사용할 수 있도록 구획된 부분은 1구의 주택으로 본다.
종합부동산세	1주택으로 본다.
(임대)소득세	1개의 주택으로 보되, 구분 등기된 경우에는 각각을 1개의 주택으로 계산한다.

③ 양도차익 계산 특례

> 📝**참고** 고가주택의 양도차익과 장기보유특별공제
>
> ① 고가주택의 양도차익 = 양도차익 $\times \dfrac{\text{양도가액} - 12\text{억원}}{\text{양도가액}}$
>
> ② 고가주택의 장기보유특별공제 = 장기보유특별공제 $\times \dfrac{\text{양도가액} - 12\text{억원}}{\text{양도가액}}$

(5) 겸용주택(고가주택의 경우 면적과 관계없이 주택 부분만 주택으로 본다)

구 분	건물분 비과세	토지분 비과세
주택 > 주택 이외	전부주택으로 보아 비과세	주택정착면적×5배(3배/10배)
주택 ≤ 주택 이외	주택만 주택으로 보아 비과세	①과 ② 중 적은 면적 비과세 ① 주택정착면적×5배(3배/10배) ② 토지면적×(주택면적/전체면적)

▸ 재산세의 경우 겸용주택은 1구의 주택이 주거용이 50/100 이상인 경우 전부를 주택으로 보지만 양도소득세의 경우 주거 부분이 큰 경우에만 전부를 주택으로 본다.

(6) 공동소유주택 ⇨ 1주택을 여러 사람이 공동으로 소유한 경우 주택 수 계산할 때 공동소유자 각자가 그 주택을 소유한 것으로 본다.

종합부동산세	공동소유자 각자가 그 주택을 소유한 것으로 본다.
소득세(임대)	지분이 가장 큰 자가 소유한다.

☑참고 **세법상 겸용주택의 비교**

> ① 취득세 : 면적비율에 관계없이 주택 부분만 주택으로 본다.
> ② 재산세
>   ㉠ 1구의 건축물 : 50% 이상을 주거용으로 사용하는 경우 전부 주택으로 본다.
>   ㉡ 1동의 건물 : 각각의 용도에 사용하는 것으로 본다.
> ③ 양도소득세(고가주택은 면적에 관계없이 주택부분만 주택으로 본다)
>   ㉠ 주거용 > 주거 이외 : 전부 주택으로 본다.
>   ㉡ 주거용 ≦ 주거 이외 : 주거부분만 주택으로 본다.

(7) 허위 계약서 작성시 비과세 감면 배제

허위계약서(업/다운)를 작성한 거래 당사자에 대해 1세대 1주택 비과세 및 8년 이상 자경농지 감면은 세제혜택을 제한한다.

배제금액 계산	산출세액	차 액
①과 ② 중 적은 금액을 비과세 배제한다.	① 비과세를 적용하지 않은 경우의 산출세액	② 매매계약서의 거래가액과 실지거래가액과의 차액
①과 ② 중 적은 금액을 감면 배제한다.	① 감면을 적용하지 않은 경우의 산출세액	② 매매계약서의 거래가액과 실지거래가액과의 차액

3. 1세대 1주택 특례

양도하는 주택은 1세대 1주택 비과세 요건을 갖춘 경우(즉, 1세대 1주택을 2년 이상 보유한 경우/조정지역은 2년 이상 거주요건 충족)에 비과세받을 수 있다.

(1) 주거이전을 목적으로 인한 2주택

종전 주택을 취득한 후 1년 이상이 경과한 후 새로운 주택을 취득하고 새로운 주택 취득일로부터 3년 이내 종전 주택을 양도 ⇨ 1세대 1주택으로 보아 비과세 규정을 적용한다.

(2) 상속으로 인한 2주택(상속개시 당시 시점에서 보유한 주택에 한해 적용)

일반주택(상속인으로부터 상속개시일로부터 2년 이내 증여 받은 주택은 제외) 양도시 ⇨ 1세대 1주택으로 본다(상속받은 주택 먼저 양도 시에는 과세). 공동상속 주택의 경우 상속지분이 가장 큰 상속인의 주택으로 본다.

   ▸ 먼저 양도하는 주택을 비과세 규정을 적용한다(×).

(3) 노부모(60세 이상으로 배우자의 직계존속을 포함하며 직계존속 중 어느 한 사람이 60세 미만인 경우를 포함한다) 봉양을 위한 2주택

합친 날(전입신고한 날)로부터 10년 이내 먼저 양도하는 주택 ⇨ 1세대 1주택으로 보아 비과세 규정을 적용한다.

(4) 혼인으로 인한 2주택

혼인한 날(혼인신고한 날)로부터 10년 이내 먼저 양도하는 주택 ⇨ 1세대 1주택으로 본다.

▸ 1주택자인 직계존속을 동거·봉양하는 무주택자가 1주택을 소유한 자와 혼인을 하여 2주택이 되는 경우에는 혼인한 날로부터 10년 이내 먼저 양도하는 주택은 이를 1세대 1주택으로 본다.

(5) 문화유산의 보존 및 활용에 관한 법률에 의한 지정문화 유산에 해당하는 주택

일반주택 양도시 ⇨ 1세대 1주택으로 본다.

(6) 농어촌 주택(수도권 외 읍, 면 지역) 보유로 인한 2주택

일반주택 양도시 ⇨ 1세대 1주택으로 본다.

① 상속주택 : 피상속인이 5년 이상 거주

② 이농주택 : 이농인이 5년 이상 거주

③ 귀농주택(귀농주택 취득 후 5년 이내 최초로 양도하는 일반주택에 한하여 적용) : 귀농으로 인하여 세대전원이 농어촌 주택으로 이주

(7) 실수요 목적으로 1세대 2주택

취학 근무상 형편 질병의 요양 그 밖에 부득이한 사유로 취득한 수도권 밖에 소재하는 주택과 일반주택 보유시 일반주택 양도(부득이한 사유가 해소된 날로부터 3년 이내 양도시)는 1세대 1주택으로 보아 비과세 규정을 적용한다.

구 분	내 용
일시적 2주택	주택취득 후 1년 이상 지난 후 신규주택 취득하고 신규 주택 취득 후 3년 이내 종전주택을 양도
동거봉양	합친날로부터 10년 이내 먼저 양도하는 주택
혼 인	혼인한 날로부터 10년 이내 먼저 양도하는 주택
상 속	일반주택을 먼저 양도하는 경우
수도권 밖 주택취득	수도권 밖의 주택을 실수요목적으로 취득한 경우 새로운 주택 취득 후 종전주택 3년 이내 양도

4. 2년 이상 보유

(1) 원칙 : 2년 이상 보유(단, 조정지역의 경우 2년 이상 거주요건 충족)

> **참고** 비거주자가 해당 주택을 3년 이상 계속 보유하고 그 주택에 거주한 상태에서 거주자로 전환된 경우에는 보유기간이 3년 이상이어야 한다.

(2) 보유기간 특례

① 건설임대주택 : 임차일로부터 양도일까지 **5년 이상 거주**한 경우

② 1년 이상 거주(보유 ×)
  ㉠ 취학상 형편(유, 초, 중 제외)
  ㉡ 질병치료
  ㉢ 근무상 형편(사업상 형편 ×)
  ㉣ 학교폭력 등
  ㉤ 세대전원이 다른 시·군·구로 이주(동일 시·군·구 내 이전 ×)

③ 보유기간 및 거주기간과 무관
  ㉠ 해외이주의 경우
    출국일 현재 1주택으로 출국 후 2년 이내 양도할 것
  ㉡ 근무상 형편 취학으로 인해 1년 이상 국외 거주하는 경우
    출국일 현재 1주택으로 출국 후 2년 이내 양도하는 경우에 한함
  ㉢ 수용(사업인정고시 전 취득한 주택에 한함)
    5년 이내 양도하는 잔존주택과 부수토지 포함

④ 거주기간의 제한을 받지 않는 경우
  거주자가 조정대상지역의 공고가 있은 날 이전에 매매계약을 체결하고 계약금을 지급한 사실이 증빙서류에 의하여 확인되는 경우로서 해당 거주자가 속한 1세대가 계약금 지급일 현재 주택을 보유하지 아니하는 경우

5. 보유기간 계산

① 일반적인 경우 : 취득일로부터 양도일까지로 한다.

② 소실, 무너짐, 노후화 등으로 인하여 멸실되어 재건축한 주택 : 멸실된 주택과 재건축한 주택에 대한 기간을 통산한다. 이때, 재건축 **공사 기간은 포함하지 않는다**.

③ 재개발, 재건축으로 완공한 주택(도시 및 주거환경정비법) : 주택의 보유기간, 공사기간, 재건축 후의 **보유기간을 통산한다**.

④ 비거주자가 해당 주택을 3년 이상 계속 보유하고 그 주택에서 거주한 상태로 거주자로 전환된 경우 해당 주택에 대한 거주기간 및 보유기간을 통산한다.

⑤ 상속받은 주택으로서 상속인과 피상속인이 상속개시 당시 동일 세대인 경우에는 상속개시 전에 상속인과 피상속인이 **동일세대로 거주하고 보유한 기간**을 통산한다.

1. 양도 당시 실지거래가액이 15억원인 1세대 1주택의 양도로 발생하는 양도차익 전부가 비과세된다.

2. 농지를 교환할 때 쌍방 토지가액의 차액이 가액이 큰 편의 3분의 1인 경우 소득은 비과세된다.

3. 배우자가 사망하거나 이혼한 경우에는 배우자가 없는 때에도 1세대로 본다.

4. 거주 혹은 보유 중에 소실 등으로 인하여 멸실되어 재건축한 주택은 그 멸실된 주택과 재건축한 주택에 대한 기간을 통산하여 거주 또는 보유기간을 계산한다.

5. 지적재조사에 관한 특별법에 따른 경계의 확정으로 지적공부상 면적이 감소되어 같은 법에 따라 지급받는 조정금은 비과세된다.

6. 하나의 건물이 주택과 주택 외의 부분으로 복합되어 있는 겸용주택의 경우 주택의 면적이 주택 외의 면적보다 클 때에는 그 전부를 주택으로 본다(단, 고가주택이 아님).

7. 주택 및 그 부수토지(사업인정고시일 이전에 취득한 경우에 한함)의 전부 또는 일부가 공익사업을 위한 토지 등의 취득 및 보상에 관한법률에 의한 협의매수·수용되는 경우에는 1세대 1주택에 대한 양도소득세의 비과세 적용요건 중 보유기간 및 거주기간의 제한을 받지 아니한다.

8. 사업상의 형편으로 인하여 세대전원이 다른 시·군으로 주거를 이전하게 되어 6개월 거주한 주택을 양도하는 경우 보유기간 및 거주기간의 제한을 받지 아니하고 양도소득세가 비과세된다.

9. 1세대 1주택으로서 1년 이상 거주한 주택을 법령이 정하는 취학 등 기타 부득이한 사유로 양도하는 경우에는 보유기간의 제한을 받지 아니한다.

10. 직장의 변경으로 세대 전원이 다른 시로 주거를 이전하는 경우 6개월간 거주한 1주택을 양도하면 비과세된다.

11. 1세대 1주택 비과세 규정을 적용하는 경우 부부가 각각 세대를 달리 구성하는 경우에도 동일한 세대로 본다.

12. 「해외이주법」에 따른 해외이주로 세대전원이 출국하는 경우 출국일 현재 1주택을 보유하고 있고 출국일로부터 2년 이내에 당해 주택을 양도하는 경우 보유기간요건을 충족하지 않더라도 비과세한다.

13. 1주택을 보유하는 자가 1주택을 보유하는 자와 혼인함으로써 1세대가 2주택을 보유하게 되는 경우 혼인한 날부터 10년 이내에 먼저 양도하는 주택(보유기간 4년 거주기간 2년)은 비과세한다.

14. 「건축법 시행령」별표 1 제1호 다목에 해당하는 다가구주택은 해당 다가구주택을 구획된 부분별로 양도하지 아니하고 하나의 매매단위로 하여 양도하는 경우 그 구획된 부분을 각각 하나의 주택으로 본다.

15. 양도일 현재 「임대주택법」에 의한 건설임대주택 1주택만을 보유하는 1세대는 당해 건설임대주택의 임차일부터 당해 주택의 양도일까지의 거주기간이 5년 이상인 경우 보유기간 요건을 충족하지 않더라도 비과세한다.

16. 토지를 매매하는 거래당사자가 매매계약서의 거래가액을 실지거래가액과 다르게 적은 경우에는 해당 자산에 대하여 「소득세법」에 따른 양도소득세의 비과세에 관한 규정을 적용할 때, 비과세 받을 세액에서 '비과세에 관한 규정을 적용하지 아니하였을 경우의 양도소득 산출세액'과 '매매계약서의 거래가액과 실지거래가액과의 차액' 중 큰 금액을 **뺀다**.

Answer

1. 양도가액이 12억원을 초과하는 고가주택의 경우 양도가액 중 12억에 해당하는 금액만큼 비과세하고 양도가액에서 12억원을 차감한 금액을 양도가액으로 나눈 비율만큼 안분하여 과세한다. 2. 농지 교환 분합의 경우 교환하는 쌍방 토지가액의 차액이 큰 토지 가액의 4분의 1 이하인 경우 비과세한다. 3. ○ 4. ○ 5. ○ 6. ○ 7. ○ 8. 사업상 형편의 경우 1년이상 거주한 경우에도 과세한다. 9. ○ 10. 1년 이상 거주한 주택을 양도하면 비과세된다. 11. ○ 12. ○ 13. ○ 14. 하나의 매매단위로 양도하는 경우 전체를 하나의 주택으로 본다. 15. ○ 16. 적은 금액을 뺀다.

핵심 09 국외자산 양도에 대한 양도소득세

① 납세의무자 : 해당 자산의 양도일까지 계속 5년 이상 국내에 주소 또는 거소를 둔 자

② 미등기 중과세를 적용하지 아니한다.

③ 장기보유 특별공제를 적용하지 아니한다.

④ 양도소득기본공제는 적용한다.

⑤ 양도가액은 해당 자산의 양도당시 실지거래가액으로 한다. 다만, 양도당시 실지거래가액을 확인할 수 없는 경우 양도 자산이 소재하는 국가의 양도당시 현황을 반영한 시가에 의한다.

⑥ 양도차익의 외화환산의 규정에 의하여 양도차익을 계산함에 있어서는 양도가액 및 필요경비를 수령하거나 지출한 날 현재 외국환거래법에 의한 기준환율 또는 재정환율에 의하여 계산한다.

⑦ 국외자산에 대하여 외국에서 납부하였거나 납부할 세액이 있는 경우 산출세액에서 공제하거나 필요경비에 산입하는 방법 중 하나를 선택하여 적용할 수 있다.

⑧ 양도소득이 있는 국외에서 외화를 차입하여 취득한 자산을 양도하여 발생하는 소득으로서 환율변동으로 인한 환차익을 포함하고 있는 경우 해당 환차익은 양도소득 범위에서 제외한다.

❥ 국내자산 양도와 국외자산 양도 비교

구 분	국내자산양도	국외자산양도
거주자	국내에 주소 또는 1 과세기간 중 183일 이상 거소를 둔 자	양도일 현재 계속하여 국내에 5년 이상 주소 또는 거소를 둔 자
부동산 임차권	등기된 것에 한하여 과세	등기 여부와 무관
장기보유특별공제	적용	적용 안함
세 율	1. 미등기 부동산 : 70% 2. 토지 건물 부동산에 관한 권리 : 보유기간에 따라 차등적용	1. 미등기 세율 적용 없음 2. 토지 건물 부동산에 관한 권리 : 비례세율 및 할증과세 없음
분납과 물납	분납은 가능하나 물납은 적용 안함	분납은 가능하나 물납은 적용 안함

빈출지문

1. 국외자산의 양도시에 납세의무자는 자산의 양도일까지 국내에 계속하여 3년 이상 주소 또는 거소를 둔 자로 한다.

2. 국외자산의 양도시에 외국에서 납부한 국외자산 양도소득세액은 국내에서 납부할 세액 계산시에 공제할 수 있다.

3. 국외자산 양도의 경우 양도차익 계산시 필요경비의 외화환산은 지출일 현재 「외국환거래법」에 의한 기준환율 또는 재정환율에 의한다.

4. 국외자산 양도의 경우 미등기 국외토지에 대한 양도소득세율은 70%이다.

5. 국외자산 양도의 경우 장기보유특별공제는 국외자산의 보유기간이 3년 이상인 경우에만 적용된다.

6. 국외자산 양도의 경우 양도가액은 실지거래가액이 있더라도 양도 당시 국가 현황을 반영한 시가에 의하는 것이 원칙이다.

7. 거주자가 국외 토지를 양도한 경우 양도일까지 계속해서 10년간 국내에 주소를 두었다면 양도소득 과세표준을 예정신고 하여야 한다.

8. 비거주자가 국외 토지를 양도한 경우 양도소득세 납세의무가 없다.

9. 비거주자가 국내 주택을 양도한 경우 양도소득세 납세지는 국내 주택의 소재지이다.

10. 국외 자산 양도시에도 양도소득 기본공제를 적용한다.

11. 甲이 국외에서 외화를 차입하여 토지를 취득한 경우 환율변동으로 인하여 외화차입금으로부터 발생한 환차익은 양도소득의 범위에서 제외한다.

12. 국외 부동산을 양도하여 발생한 양도차손은 동일한 과세기간에 국내 부동산을 양도하여 발생한 양도소득금액에서 통산할 수 있다.

13. 국외 양도자산이 부동산임차권인 경우 등기여부와 관계없이 양도소득세가 과세된다.

Answer

1. 5년 이상 주소나 거소를 둔 자가 납세의무자이다. 2. ○ 3. ○ 4. 국외자산 양도의 경우 미등기 중과세를 적용하지 아니한다. 5. 국외자산 양도시 양도소득기본공제는 적용하지만 장기보유특별공제는 적용하지 아니한다. 6. 실지거래가액에 의하는 것을 원칙으로 하고 실거래가액이 없는 경우 양도 당시 국가 현황을 반영한 시가에 의한다. 7. ○ 8. ○ 9. 국내사업장 소재지 사업장이 없는 경우 원천소득이 발생한 장소이다. 10. ○ 11. ○ 12. 국내 부동산과 국외부동산은 통산할 수 없다. 13. ○

부 록

제35회 기출문제

01 국세기본법령 및 지방세기본법령상 조세채권과 일반채권의 우선관계에 관한 설명으로 틀린 것은? (단, 납세의무자의 신고는 적법한 것으로 가정함)

① 취득세의 법정기일은 과세표준과 세액을 신고한 경우 그 신고일이다.

② 토지를 양도한 거주자가 양도소득세 과세표준과 세액을 예정신고한 경우 양도소득세의 법정기일은 그 예정 신고일이다.

③ 법정기일 전에 전세권이 설정된 사실은 양도소득세의 경우 부동산등기부 등본 또는 공증인의 증명으로 증명한다.

④ 주택의 직전 소유자가 국세의 체납 없이 전세권이 설정된 주택을 양도하였으나, 양도 후 현재 소유자의 소득세가 체납되어 해당 주택의 매각으로 그 매각금액에서 소득세를 강제징수하는 경우 그 소득세는 해당 주택의 전세권담보채권에 우선한다.

⑤ 「주택임대차보호법」 제8조가 적용되는 임대차관계에 있는 주택을 매각하여 그 매각금액에서 지방세를 강제징수하는 경우에는 임대차에 관한 보증금 중 일정액으로서 같은 법에 따라 임차인이 우선하여 변제받을 수 있는 금액에 관한 채권이 지방세에 우선한다.

정답 ④

해설

④ 그 재산에 부과된 조세(재산세, 종합부동산세, 지방교육세, 소방분 지역자원시설세 등)가 아니므로 소득세를 강제징수하는 경우 직전 소유자가 세금 체납없이 전세권이 먼저 설정된 주택을 양도 이후 현재 소유자가 소득세를 체납한 경우에는 소득세는 전세권에 우선하지 못한다.

02 국세기본법령 및 지방세기본법령상 국세 또는 지방세 징수권의 소멸시효에 관한 설명으로 옳은 것은?

① 가산세를 제외한 국세가 10억원인 경우 국세징수권은 5년 동안 행사하지 아니하면 소멸시효가 완성된다.

② 가산세를 제외한 지방세가 1억원인 경우 지방세징수권은 7년 동안 행사하지 아니하면 소멸시효가 완성된다.

③ 가산세를 제외한 지방세가 5천만원인 경우 지방세징수권은 5년 동안 행사하지 아니하면 소멸시효가 완성된다.

④ 납세의무자가 양도소득세를 확정신고하였으나 정부가 경정하는 경우, 국세징수권을 행사할 수 있는 때는 납세의무자가 확정신고한 법정 신고납부기한의 다음 날이다.

⑤ 납세의무자가 취득세를 신고하였으나 지방자치단체의 장이 경정하는 경우, 납세고지한 세액에 대한 지방세징수권을 행사할 수 있는 때는 그 납세고지서에 따른 납부기한의 다음 날이다.

정답 ⑤

해설

① 가산세를 제외한 국세가 10억원인 경우 국세징수권은 10년 동안 행사하지 아니하면 소멸시효가 완성된다(체납금액이 5억원 이상이면 10년).

② 가산세를 제외한 지방세가 1억원인 경우 지방세징수권은 10년 동안 행사하지 아니하면 소멸시효가 완성된다(체납금액이 5천만원 이상이면 10년).

③ 가산세를 제외한 지방세가 5천만원인 경우 지방세징수권은 10년 동안 행사하지 아니하면 소멸시효가 완성된다.

④ 과세표준과 세액을 정부가 결정, 경정 또는 수시부과결정하는 경우 납부고지한 세액에 대해서는 그 고지에 따른 납부기한의 다음 날이다.

03 종합부동산세법령상 주택에 대한 과세에 관한 설명으로 옳은 것은?

① 「신탁법」 제2조에 따른 수탁자의 명의로 등기된 신탁주택의 경우에는 수탁자가 종합부동산세를 납부할 의무가 있으며, 이 경우 수탁자가 신탁주택을 소유한 것으로 본다.

② 법인이 2주택을 소유한 경우 종합부동산세의 세율은 1천분의 50을 적용한다.

③ 거주자 甲이 2023년부터 보유한 3주택(주택 수 계산에서 제외되는 주택은 없음) 중 2주택을 2024.6.17.에 양도하고 동시에 소유권이전등기를 한 경우, 甲의 2024년도 주택분 종합부동산세액은 3주택 이상을 소유한 경우의 세율을 적용하여 계산한다.

④ 신탁주택의 수탁자가 종합부동산세를 체납한 경우 그 수탁자의 다른 재산에 대하여 강제징수하여도 징수할 금액에 미치지 못할 때에는 해당 주택의 위탁자가 종합부동산세를 납부할 의무가 있다.

⑤ 공동명의 1주택자인 경우 주택에 대한 종합부동산세의 과세표준은 주택의 시가를 합산한 금액에서 11억원을 공제한 금액에 100분의 50을 한도로 공정시장가액비율을 곱한 금액으로 한다.

정답 ③

해설

① 「신탁법」 제2조에 따른 수탁자의 명의로 등기된 신탁주택의 경우에는 위탁자가 종합부동산세를 납부할 의무가 있으며, 이 경우 위탁자가 신탁주택을 소유한 것으로 본다.

② 법인(공익법인 등은 제외)이 2주택을 소유한 경우 종합부동산세의 세율은 1천분의 27을 적용한다.

④ 신탁주택의 위탁자가 종합부동산세를 체납한 경우 그 위탁자의 다른 재산에 대하여 강제징수하여도 징수할 금액에 미치지 못할 때에는 해당 주택의 수탁자가 종합부동산세를 납부할 의무가 있다.

⑤ 공동명의 1주택자인 경우 주택에 대한 종합부동산세의 과세표준은 주택의 공시가격을 합산한 금액에서 9억원을 공제한 금액에 100분의 60을 한도로 공정시장가액비율을 곱한 금액으로 한다.

04 종합부동산세법령상 토지에 대한 과세에 관한 설명으로 옳은 것은?

① 토지분 재산세의 납세의무자로서 종합합산과세대상 토지의 공시가격을 합한 금액이 5억원인 자는 종합부동산세를 납부할 의무가 있다.

② 토지분 재산세의 납세의무자로서 별도합산과세대상 토지의 공시가격을 합한 금액이 80억원인 자는 종합부동산세를 납부할 의무가 있다.

③ 토지에 대한 종합부동산세는 종합합산과세대상, 별도합산과세대상 그리고 분리과세대상으로 구분하여 과세한다.

④ 종합합산과세대상인 토지에 대한 종합부동산세의 과세표준은 해당 토지의 공시가격을 합산한 금액에서 5억원을 공제한 금액에 100분의 50을 한도로 공정시장가액비율을 곱한 금액으로 한다.

⑤ 별도합산과세대상인 토지의 과세표준 금액에 대하여 해당 과세대상 토지의 토지분 재산세로 부과된 세액(「지방세법」에 따라 가감조정된 세율이 적용된 경우에는 그 세율이 적용된 세액, 같은 법에 따라 세부담 상한을 적용받은 경우에는 그 상한을 적용받은 세액을 말한다)은 토지분 별도합산세액에서 이를 공제한다.

정답 ⑤

해설

① 토지분 재산세의 납세의무자로서 종합합산과세대상 토지의 공시가격을 합한 금액이 5억원을 초과하는 자가 종합부동산세를 납부할 의무가 있다.

② 토지분 재산세의 납세의무자로서 별도합산과세대상 토지의 공시가격을 합한 금액이 80억원을 초과하는 자가 종합부동산세를 납부할 의무가 있다.

③ 토지에 대한 종합부동산세는 분리과세는 종합부동산세 대상이 아니다.

④ 종합합산과세대상인 토지에 대한 종합부동산세의 과세표준은 해당 토지의 공시가격을 합산한 금액에서 5억원을 공제한 금액에 100분의 100을 한도로 공정시장가액비율을 곱한 금액으로 한다.

05 **지방세법령상 취득세의 취득당시가액에 관한 설명으로 옳은 것은?** (단, 주어진 조건 외에는 고려하지 않음)

① 건축물을 교환으로 취득하는 경우에는 교환으로 이전받는 건축물의 시가표준액과 이전하는 건축물의 시가표준액 중 낮은 가액을 취득당시가액으로 한다.

② 상속에 따른 건축물 무상취득의 경우에는 「지방세법」 제4조에 따른 시가표준액을 취득당시가액으로 한다.

③ 대물변제에 따른 건축물 취득의 경우에는 대물변제액(대물변제액 외에 추가로 지급한 금액이 있는 경우에는 그 금액을 제외한다)을 취득당시가액으로 한다.

④ 법인이 아닌 자가 건축물을 건축하여 취득하는 경우로서 사실상취득가격을 확인할 수 없는 경우에는 시가인정액을 취득당시가액으로 한다.

⑤ 법인이 아닌 자가 건축물을 매매로 승계취득하는 경우에는 그 건축물을 취득하기 위하여 「공인중개사법」에 따른 공인중개사에게 지급한 중개보수를 취득당시가액에 포함한다.

정답 ②

해설

① 건축물을 교환으로 취득하는 경우에는 교환으로 이전받는 건축물의 시가인정액과 이전하는 건축물의 시가인정액 중 높은 가액을 취득당시가액으로 한다.

③ 대물변제에 따른 건축물 취득의 경우에는 대물변제액(대물변제액 외에 추가로 지급한 금액이 있는 경우에는 그 금액을 포함한다)을 취득당시가액으로 한다.

④ 법인이 아닌 자가 건축물을 건축하여 취득하는 경우로서 사실상 취득가격을 확인할 수 없는 경우에는 시가표준액을 취득당시가액으로 한다.

⑤ 법인이 아닌 자가 건축물을 매매로 승계취득하는 경우에는 그 건축물을 취득하기 위하여 「공인중개사법」에 따른 공인중개사에게 지급한 중개보수를 취득당시가액에 포함하지 아니한다.

06 지방세법령상 취득세에 관한 설명으로 틀린 것은? (단, 지방세특례제한법령은 고려하지 않음)

① 대한민국 정부기관의 취득에 대하여 과세하는 외국정부의 취득에 대해서는 취득세를 부과한다.

② 토지의 지목을 사실상 변경함으로써 그 가액이 증가한 경우에는 취득으로 본다.

③ 국가에 귀속의 반대급부로 영리법인이 국가 소유의 부동산을 무상으로 양여받는 경우에는 취득세를 부과하지 아니한다.

④ 영리법인이 취득한 임시흥행장의 존속기간이 1년을 초과하는 경우에는 취득세를 부과한다.

⑤ 신탁(「신탁법」에 따른 신탁으로서 신탁등기가 병행되는 것만 해당한다)으로 인한 신탁재산의 취득 중 주택조합 등과 조합원 간의 부동산 취득에 대해서는 취득세를 부과한다.

정답 ③

해설

③ 국가에 귀속의 반대급부로 영리법인이 국가 소유의 부동산을 무상으로 양여받는 경우에는 취득세를 부과한다.

07 지방세법령상 부동산 취득에 대한 취득세의 표준세율로 옳은 것을 모두 고른 것은? (단, 조례에 의한 세율조정, 지방세관계법령상 특례 및 감면은 고려하지 않음)

> ㉠ 상속으로 인한 농지의 취득: 1천분의 23
> ㉡ 법인의 합병으로 인한 농지 외의 토지 취득: 1천분의 40
> ㉢ 공유물의 분할로 인한 취득: 1천분의 17
> ㉣ 매매로 인한 농지 외의 토지 취득: 1천분의 19

① ㉠, ㉡　　　　　　　　　　　　② ㉡, ㉢
③ ㉢, ㉣　　　　　　　　　　　　④ ㉠, ㉡, ㉢
⑤ ㉡, ㉢, ㉣

정답 ①

해설

㉢ 공유물의 분할로 인한 취득: 1천분의 23
㉣ 매매로 인한 농지 외의 토지 취득: 1천분의 40

08 소득세법령상 거주자의 부동산과 관련된 사업소득에 관한 설명으로 옳은 것은?

① 해당 과세기간의 종합소득금액이 있는 거주자(종합소득과세표준이 없거나 결손금이 있는 거주자를 포함한다)는 그 종합소득 과세표준을 그 과세기간의 다음 연도 5월 1일부터 5월 31일까지 대통령령으로 정하는 바에 따라 납세지 관할 세무서장에게 신고하여야 하며, 해당 과세기간에 분리과세 주택임대소득이 있는 경우에도 이를 적용한다.

② 공장재단을 대여하는 사업은 부동산임대업에 해당하지 않는다.

③ 해당 과세기간의 주거용 건물 임대업을 제외한 부동산임대업에서 발생한 결손금은 그 과세기간의 종합소득과세표준을 계산할 때 공제한다.

④ 「공익사업을 위한 토지 등의 취득 및 보상에 관한 법률」 제4조에 따른 공익사업과 관련하여 지역권을 설정함으로써 발생하는 소득은 부동산업에서 발생하는 소득에 해당한다.

⑤ 사업소득에 부동산임대업에서 발생한 소득이 포함되어 있는 사업자는 그 소득별로 구분하지 않고 회계처리하여야 한다.

정답 ①

해설

② 공장재단을 대여하는 사업은 부동산임대업에 해당한다.

③ 해당 과세기간의 주거용 건물 임대업을 제외한 부동산임대업에서 발생한 결손금은 그 과세기간의 종합소득과세표준을 계산할 때 공제하지 아니한다.

④ 「공익사업을 위한 토지 등의 취득 및 보상에 관한 법률」 제4조에 따른 공익사업과 관련하여 지역권을 설정함으로써 발생하는 소득은 부동산업에서 발생하는 소득에 해당하지 아니한다.

⑤ 사업소득에 부동산임대업에서 발생한 소득이 포함되어 있는 사업자는 그 소득별로 구분하여 회계처리하여야 한다.

09 지방세법령상 재산세 과세기준일 현재 납세의무자로 틀린 것은?

① 공부상에 개인 등의 명의로 등재되어 있는 사실상의 종중재산으로서 종중소유임을 신고하지 아니하였을 경우 : 종중

② 상속이 개시된 재산으로서 상속등기가 이행되지 아니하고 사실상의 소유자를 신고하지 아니하였을 경우 : 행정안전부령으로 정하는 주된 상속자

③ 「도시 및 주거환경정비법」에 따른 정비사업(재개발사업만 해당한다)의 시행에 따른 환지계획에서 일정한 토지를 환지로 정하지 아니하고 체비지로 정한 경우 : 사업시행자

④ 「채무자 희생 및 파산에 관한 법률」에 따른 파산선고 이후 파산종결의 결정까지 파산재단에 속하는 재산의 경우 : 공부상 소유자

⑤ 지방자치단체와 재산세 과세대상 재산을 연부(年賦)로 매매계약을 체결하고 그 재산의 사용권을 무상으로 받은 경우 : 그 매수계약자

정답 ①

해설
① 공부상에 개인 등의 명의로 등재되어 있는 사실상의 종중재산으로서 종중소유임을 신고하지 아니하였을 경우 : 공부상소유자

10 지방세법령상 재산세의 물납에 관한 설명으로 옳은 것을 모두 고른 것은?

> ㉠ 지방자치단체의 장은 재산세의 납부세액이 1천만원을 초과하는 경우에는 납세의무자의 신청을 받아 해당 지방자치단체의 관할구역에 있는 부동산에 대하여만 대통령령으로 정하는 바에 따라 물납을 허가할 수 있다.
> ㉡ 시장·군수·구청장은 법령에 따라 불허가 통지를 받은 납세의무자가 그 통지를 받은 날부터 10일 이내에 해당 시·군·구의 관할구역에 있는 부동산으로서 관리·처분이 가능한 다른 부동산으로 변경 신청하는 경우에는 변경하여 허가할 수 있다.
> ㉢ 물납을 허가하는 부동산의 가액은 물납 허가일 현재의 시가로 한다.

① ㉠   ② ㉢   ③ ㉠, ㉡
④ ㉡, ㉢   ⑤ ㉠, ㉡, ㉢

정답 ③

해설
㉢ 물납을 허가하는 부동산의 가액은 과세기준일 현재의 시가로 한다.

11 지방세법령상 재산세에 관한 설명으로 옳은 것은? (단, 주어진 조건 외에는 고려하지 않음)

① 특별시 지역에서 「국토의 계획 및 이용에 관한 법률」에 따라 지정된 주거지역의 대통령령으로 정하는 공장용 건축물의 표준세율은 초과누진세율이다.

② 수탁자 명의로 등기·등록된 신탁재산의 수탁자는 과세기준일부터 15일 이내에 그 소재지를 관할하는 지방자치단체의 장에게 그 사실을 알 수 있는 증거자료를 갖추어 신고하여야 한다.

③ 주택의 토지와 건물 소유자가 다를 경우 해당 주택에 대한 세율을 적용할 때 해당 주택의 토지와 건물의 가액을 소유자별로 구분계산한 과세표준에 세율을 적용한다.

④ 주택의 재산세로서 해당 연도에 부과할 세액이 20만원 이하인 경우에는 납기를 9월 16일부터 9월 30일까지로 하여 한꺼번에 부과·징수할 수 있다.

⑤ 지방자치단체의 장은 과세대상의 누락으로 이미 부과한 재산세액을 변경하여야 할 사유가 발생하여도 수시로 부과·징수할 수 없다.

정답 ②

해설

① 특별시 지역에서 「국토의 계획 및 이용에 관한 법률」에 따라 지정된 주거지역의 대통령령으로 정하는 공장용 건축물의 표준세율은 5/1,000의 비례세율이다.

③ 주택의 토지와 건물 소유자가 다를 경우 해당 주택에 대한 세율을 적용할 때 해당 주택의 토지와 건물의 가액을 합한 과세표준에 세율을 적용한다.

④ 주택의 재산세로서 해당 연도에 부과할 세액이 20만원 이하인 경우에는 납기를 7월 16일부터 7월 31일까지로 하여 한꺼번에 부과·징수할 수 있다.

⑤ 지방자치단체의 장은 과세대상의 누락으로 이미 부과한 재산세액을 변경하여야 할 사유가 발생하여도 수시로 부과·징수할 수 있다.

12 다음 자료를 기초로 할 때 소득세법령상 국내 토지A에 대한 양도소득세에 관한 설명으로 옳은 것은? (단, 甲, 乙, 丙은 모두 거주자임)

> • 甲은 2018.6.20. 토지 A를 3억원에 취득하였으며, 2020.5.15. 토지 A에 대한 자본적 지출로 5천만원을 지출하였다.
> • 乙은 2022.7.1. 직계존속인 甲으로부터 토지 A를 증여받아 2022.7.25. 소유권 이전등기를 마쳤다(토지 A의 증여 당시 시가는 6억원임).
> • 乙은 2024.10.20. 토지A를 甲 또는 乙과 특수 관계가 없는 丙에게 10억원에 양도하였다.
> • 토지 A는 법령상 협의매수 또는 수용된 적이 없으며, 소득세법 제97조의2 양도소득의 필요 경비 계산 특례(이월과세)를 적용하여 계산한 양도소득 결정세액이 이를 적용하지 않고 계산한 양도소득 결정세액보다 크다고 가정한다.

① 양도차익 계산시 양도가액에서 공제할 취득가액은 6억원이다.
② 양도차익 계산시 甲이 지출한 자본적 지출액 5천만원은 양도가액에서 공제할 수 없다.
③ 양도차익 계산시 乙이 납부하였거나 납부할 증여세 상당액이 있는 경우 양도차익을 한도로 필요경비에 산입한다.
④ 장기보유 특별공제액 계산 및 세율 적용시 보유기간은 乙의 취득일부터 양도일까지의 기간으로 한다.
⑤ 甲과 乙은 양도소득세에 대하여 연대납세의무를 진다.

정답 ③

해설

① 양도차익 계산시 양도가액에서 공제할 취득가액은 3억원이다.
② 양도차익 계산시 甲이 지출한 자본적 지출액 5천만원은 양도가액에서 공제할 수 있다.
④ 장기보유 특별공제액 계산 및 세율 적용시 보유기간은 甲의 취득일부터 양도일까지의 기간으로 한다.
⑤ 甲과 乙은 양도소득세에 대하여 연대납세의무가 없다.

13 소득세법령상 다음의 국내 자산 중 양도소득세 과세대상에 해당하는 것을 모두 고른 것은? (단, 비과세와 감면은 고려하지 않음)

㉠ 토지 및 건물과 함께 양도하는「개발제한구역의 지정 및 관리에 관한 특별조치법」에 따른 이축권(해당 이축권 가액을 대통령령으로 정하는 방법에 따라 별도로 평가하여 신고하지 않음)
㉡ 조합원입주권
㉢ 지역권
㉣ 부동산매매계약을 체결한 자가 계약금만 지급한 상태에서 양도하는 권리

---

① ㉠, ㉢
② ㉡, ㉣
③ ㉠, ㉡, ㉣
④ ㉡, ㉢, ㉣
⑤ ㉠, ㉡, ㉢, ㉣

정답 ③

해설
㉢ 지상권은 양도소득세 대상이지만 지역권은 양도소득세 대상에 해당하지 아니한다.

14 소득세법령상 거주자의 국내자산 양도에 대한 양도소득세에 관한 설명으로 옳은 것은?

① 부담부증여의 채무액에 해당하는 부분으로서 양도로 보는 경우에는 그 양도일이 속하는 달의 말일부터 2개월 이내에 양도소득세를 신고하여야 한다.

② 토지를 매매하는 거래당사자가 매매계약서의 거래가액을 실지거래가액과 다르게 적은 경우에는 해당 자산에 대하여 「소득세법」에 따른 양도소득세의 비과세에 관한 규정을 적용할 때, 비과세 받을 세액에서 '비과세에 관한 규정을 적용하지 아니하였을 경우의 양도소득 산출세액'과 '매매계약서의 거래가액과 실지거래가액과의 차액' 중 큰 금액을 뺀다.

③ 사업상의 형편으로 인하여 세대전원이 다른 시·군으로 주거를 이전하게 되어 6개월 거주한 주택을 양도하는 경우 보유기간 및 거주기간의 제한을 받지 아니하고 양도소득세가 비과세된다.

④ 토지의 양도로 발생한 양도차손은 동일한 과세기간에 전세권의 양도로 발생한 양도소득금액에서 공제할 수 있다.

⑤ 상속받은 주택과 상속개시 당시 보유한 일반주택을 국내에 각각 1개씩 소유한 1세대가 상속받은 주택을 양도하는 경우에는 국내에 1개의 주택을 소유하고 있는 것으로 보아 1세대 1주택 비과세 규정을 적용한다.

정답 ④

해설

① 부담부증여의 채무액에 해당하는 부분으로서 양도로 보는 경우에는 그 양도일이 속하는 달의 말일부터 3개월 이내에 양도소득세를 신고하여야 한다.

② 토지를 매매하는 거래당사자가 매매계약서의 거래가액을 실지거래가액과 다르게 적은 경우에는 해당 자산에 대하여 「소득세법」에 따른 양도소득세의 비과세에 관한 규정을 적용할 때, 비과세 받을 세액에서 '비과세에 관한 규정을 적용하지 아니하였을 경우의 양도소득 산출세액'과 '매매계약서의 거래가액과 실지거래가액과의 차액' 중 적은 금액을 뺀다.

③ 근무상의 형편으로 인하여 세대전원이 다른 시·군으로 주거를 이전하게 되어 1년이상 거주한 주택을 양도하는 경우 보유기간 및 거주기간의 제한을 받지 아니하고 양도소득세가 비과세된다.

⑤ 상속받은 주택과 상속개시 당시 보유한 일반주택을 국내에 각각 1개씩 소유한 1세대가 일반 주택을 양도하는 경우에는 국내에 1개의 주택을 소유하고 있는 것으로 보아 1세대 1주택 비과세 규정을 적용한다.

15 소득세법령상 거주자가 2024년에 양도한 국외자산의 양도소득세에 관한 설명으로 틀린 것은? (단, 거주자는 해당 국외자산 양도일까지 계속 5년 이상 국내에 주소를 두고 있으며, 국외 외화차입에 의한 취득은 없음)

① 국외 자산의 양도에 대한 양도소득이 있는 거주자는 양도소득 기본공제는 적용받을 수 있으나 장기보유 특별공제는 적용 받을 수 없다.

② 국외 부동산을 양도하여 발생한 양도차손은 동일한 과세기간에 국내 부동산을 양도하여 발생한 양도소득금액에서 통산할 수 있다.

③ 국외 양도자산이 부동산임차권인 경우 등기여부와 관계없이 양도소득세가 과세된다.

④ 국외자산의 양도가액은 그 자산의 양도 당시의 실지거래가액으로 한다. 다만, 양도 당시의 실지거래가액을 확인할 수 없는 경우에는 양도자산이 소재하는 국가의 양도 당시 현황을 반영한 시가에 따르되, 시가를 산정하기 어려울 때에는 그 자산의 종류, 규모, 거래상황 등을 고려하여 대통령령으로 정하는 방법에 따른다.

⑤ 국외 양도자산이 양도 당시 거주자가 소유한 유일한 주택으로서 보유기간이 2년 이상인 경우에도 1세대 1주택 비과세 규정을 적용받을 수 없다.

정답 ②

해설

② 국외 부동산을 양도하여 발생한 양도차손과 국내 부동산을 양도하여 발생한 양도소득금액에서 통산할 수 없다.

16 다음 자료를 기초로 할 때 소득세법령상 거주자 甲이 확정신고시 신고할 건물과 토지 B의 양도소득과세표준을 각각 계산하면? (단, 아래 자산 외의 양도자산은 없고, 양도소득과세표준 예정신고는 모두 하지 않았으며, 감면소득금액은 없다고 가정함)

구 분	건물 (주택아님)	토지 A	토지 B
양도차익 (차손)	15,000,000원	(20,000,000원)	25,000,000원
양도일자	2024.3.10.	2024.5.20.	2024.6.25.
보유기간	1년 8개월	4년 3개월	3년 5개월

• 위 자산은 모두 국내에 있으며 등기됨
• 토지 A, 토지 B는 비사업용 토지 아님
• 장기보유 특별공제율은 6%로 가정함

	건 물	토지 B
①	0원	16,000,000원
②	0원	18,500,000원
③	11,600,000원	5,000,000원
④	12,500,000원	3,500,000원
⑤	12,500,000원	1,000,000원

정답 ④

해설

1. 건물의 과세표준
   양도차익(15,000,000원) − 장기보유특별공제(보유기간이 3년 미만으로 적용 안함) − 양도소득기본공제(250만원) = 과세표준(12,500,000원)
2. 토지 A는 양도차손 : 20,000,000원
3. 토지 B의 과세표준
   양도차익(25,000,000원) − 장기보유특별공제(25,000,000원 × 6% = 150만원)
   = 양도소득금액(23,5000,000원) − 결손금통산(결손금 통산은 같은 세율을 적용하는 것부터 통산하기 때문에 누진세율 적용대상인 토지를 통산한다. 토지 A의 양도차손 20,000,000원)
   = 350만원 − 양도소득기본공제(먼저 양도한 자산에서 먼저 공제하기 때문에 건물의 과세표준 산정시 250만원을 공제하였으므로 토지의 경우 기본공제를 적용하지 아니한다)
   ∴ 따라서 토지 B의 과세표준은 350만원이다.

MEMO

제36회 공인중개사 시험대비 **전면개정판**

2025 박문각 공인중개사
이혁 필수서 2차 부동산세법

초판인쇄 | 2025. 2. 1. **초판발행** | 2025. 2. 5. **편저** | 이혁 편저
발행인 | 박 용 **발행처** | (주)박문각출판 **등록** | 2015년 4월 29일 제2019-000137호
주소 | 06654 서울시 서초구 효령로 283 서경빌딩 4층 **팩스** | (02)584-2927
전화 | 교재 주문 (02)6466-7202, 동영상문의 (02)6466-7201

저자와의
협의하에
인지생략

정가 22,000원
ISBN 979-11-7262-574-0